T0123628

essentials

essentials liefern aktuelles Wissen in konzentrierter Form. Die Essenz dessen, worauf es als „State-of-the-Art" in der gegenwärtigen Fachdiskussion oder in der Praxis ankommt. *essentials* informieren schnell, unkompliziert und verständlich

- als Einführung in ein aktuelles Thema aus Ihrem Fachgebiet
- als Einstieg in ein für Sie noch unbekanntes Themenfeld
- als Einblick, um zum Thema mitreden zu können

Die Bücher in elektronischer und gedruckter Form bringen das Expertenwissen von Springer-Fachautoren kompakt zur Darstellung. Sie sind besonders für die Nutzung als eBook auf Tablet-PCs, eBook-Readern und Smartphones geeignet. *essentials:* Wissensbausteine aus den Wirtschafts-, Sozial- und Geisteswissenschaften, aus Technik und Naturwissenschaften sowie aus Medizin, Psychologie und Gesundheitsberufen. Von renommierten Autoren aller Springer-Verlagsmarken.

Weitere Bände in der Reihe http://www.springer.com/series/13088

John G. Haas

COVID-19 und Psychologie

Mensch und Gesellschaft
in Zeiten der Pandemie

 Springer

John G. Haas
Fachhochschule St. Pölten
St. Pölten, Österreich

ISSN 2197-6708   ISSN 2197-6716   (electronic)
essentials
ISBN 978-3-658-32030-0   ISBN 978-3-658-32031-7   (eBook)
https://doi.org/10.1007/978-3-658-32031-7

Die Deutsche Nationalbibliothek verzeichnet diese Publikation in der Deutschen Nationalbiblio-
grafie; detaillierte bibliografische Daten sind im Internet über http://dnb.d-nb.de abrufbar.

Planung/Lektorat: Joachim Coch
Springer ist ein Imprint der eingetragenen Gesellschaft Springer Fachmedien Wiesbaden GmbH
und ist ein Teil von Springer Nature.
Die Anschrift der Gesellschaft ist: Abraham-Lincoln-Str. 46, 65189 Wiesbaden, Germany

Was Sie in diesem *essential* finden können

- Welche Rolle die menschliche Psyche bei Epidemien und Pandemien spielt.
- Wie sich die COVID-19 Pandemie auf die Psyche der Menschen auswirkt.
- Welche Verhaltensweisen Menschen im Rahmen der COVID-19 Pandemie zeigen.
- Wie man die COVID-19 Pandemie aus psychologischer Sicht gut bewältigt.

Danksagung

Marina & Ben John – Heidemaria A., Jürgen R., Petra F., Stefan S. und Wolfgang R.

Ratschlag des Abu Ja'far Ahmad ibn Khatima zur Abwehr und Bewältigung der Pest (aus dem Jahr 1349)

„Am zweckmäßigsten ist es, Freude, Heiterkeit, Erholung, Hoffnung zu schaffen. Man soll versuchen, diese Empfindungen möglichst oft durch erlaubte Mittel bei sich zu erwecken. Man soll nach einer angenehmen, lieben, reizvollen Gesellschaft suchen. Gewarnt wird davor, über andere schlecht zu reden und auch vor allem, was Traurigkeit mit sich bringt. Vermieden werden muss alle Erregung, aller Zorn und Schrecken, kurz alles, was eine unangenehme innere Bewegung verursacht."

Der vermutlich erste überlieferte Ratschlag zur psychischen Bewältigung einer Pandemie.

Einleitung

„Wie eine Invasion feindlicher Außerirdischer ist COVID-19 ein Feind der menschlichen Spezies, der nicht verhandelt. Er nimmt keine Rücksicht auf Nationalität, Ideologie, Politik oder Religion. Dieser Feind von uns allen erfordert eine globale Bekämpfung, die von der Wissenschaft und nicht von magischem Denken geleitet wird." Neil deGrasse Tyson (2020), US-amerikanischer Astrophysiker.

Als die Weltgesundheitsorganisation (WHO) im Jahr 2018 eine Prioritäten-liste für globale Gesundheitsnotfälle definierte, führte die sogenannte Krankheit X (engl. disease X) die Liste an. Krankheit X war keine tatsächliche Krankheit, sondern der Platzhalter für eine Pandemie, die massive Auswirkungen auf die Menschheit hat. Wirft man heute einen Blick auf diese Liste, so hat die COVID-19 Pandemie die Stelle dieses Platzhalters eingenommen.

Als Ende Dezember 2019 die ersten Berichte über eine neu ausgebrochene Grippe-Epidemie in China kursierten, nahm die Weltöffentlichkeit wenig Notiz davon. In Folge grassierten in chinesischen sozialen Medien Gerüchte über eine auffällig hohe Zahl von Infizierten, bis in der dritten Januarwoche 2020, befeuert durch erste Studien und Berichte, in den westlichen Medien eine Wende ein-trat. Die Folge war eine nahezu unüberschaubare Fülle von geschätzten drei Milliarden Medienberichten, sowie ungezählte Beiträge in sozialen Medien und eine rasch wachsende Zahl wissenschaftlicher Studien.

Am 11. März 2020 wurde die COVID-19-Epidemie in China vom General-direktor der WHO, Dr. Tedros Adhanom Ghebreyesus, aufgrund der rapiden Zunahme der Fallzahlen in einer steigenden Zahl von Ländern außerhalb Chinas schließlich offiziell zu einer weltweiten Pandemie hochgestuft. Mit Stand Oktober 2020 wurden nunmehr weltweit 40,5 Millionen Fälle und mehr als 1,1 Million Tote registriert.

Aktuell beschäftigt sich noch immer ein Großteil der Medienberichte, aber auch die Forschung mit den Auswirkungen auf die körperliche Gesundheit, wodurch die Rolle der menschlichen Psyche zweitrangig erscheinen mag. Da aber im Sinne einer ganzheitlichen Betrachtung und einer gelingenden Bewältigung der Pandemie psychologische Aspekte eine ebenso wichtige Rolle spielen, widmet sich dieses Buch diesem Bereich auf der Basis aktueller wissenschaftlicher Erkenntnisse.

Schon jetzt kann festgehalten werden, dass die COVID-19 Pandemie tiefe Spuren auf allen Ebenen menschlichen Handelns und Empfindens hinterlassen hat und in die Geschichte eingehen wird. Was die bestmögliche Bewältigung der Situation betrifft, liegt es nicht nur an den Regierungen, ExpertInnen, Gesundheitssystemen und ProfessionistInnen, sondern letztlich an jedem einzelnen, verantwortungsvoll zu handeln. Das Verständnis für die psychologischen Hintergründe und die gesellschaftlichen Zusammenhänge ist diesbezüglich von wesentlichem Nutzen. Dieses Buch soll daher als eine der ersten fachlichen Abhandlungen im deutschsprachigen Raum ebenfalls einen Beitrag dazu leisten.

Wien   John G. Haas
im Oktober 2020

Inhaltsverzeichnis

**1 Epidemien und Pandemien – Warum sie entstehen und wie sie
bekämpft werden** 1
1.1 Was ist eine Pandemie? 1
1.2 Warum entstehen Epidemien und Pandemien? 1
1.3 Wie Epidemien und Pandemien bekämpft werden 3

2 Die menschliche Psyche – eine kurze Betrachtung 5
2.1 Der Mensch als biopsychosoziale Einheit 5
2.2 Was ist eigentlich (psychische) Gesundheit? 6
2.3 Wie eine psychische Störung entsteht und wie sie
definiert wird 7
2.4 Wie sich die Psyche ausdrückt 8

3 Psychologische Aspekte von Epidemien und Pandemien 11
3.1 Die Angst des Menschen vor Infektionskrankheiten 11
3.2 Ansteckung aus psychologischer Sicht 12
3.2.1 Soziale Kontagion 12
3.2.2 Emotionale Kontagion 13
3.3 Abwehr aus psychologischer Sicht 13
3.3.1 Abwehr aus Sicht der Evolutionspsychologie – das
Verhaltensimmunsystem 13
3.3.2 Abwehr aus Sicht der Psychoanalyse. 14
3.3.3 Das biopsychosoziale Modell der Ansteckung und
Abwehr. 16
3.4 Das Spektrum psychischer Störungen im Kontext von
Epidemien und Pandemien. 16

3.5   Management psychischer Belastungen und psychischer
       Störungen im Kontext von COVID-19.....................   17
3.6   Abschätzung des eigenen psychischen Wohlbefindens.........   18
3.7   Resilienz in Zeiten der Epidemie und Pandemie.............   19
3.8   Die Rolle von Angst und Furcht   19

4 Die Psychohistorie von Epidemien und Pandemien...............   21
4.1   Psychohistorie der Attischen Seuche......................   21
4.2   Psychohistorie der Pest im Mittelalter...................   22
4.3   Psychohistorie von Epidemien und Pandemien
       im 20. und 21. Jahrhundert...............................   24

5 Die COVID-19 Pandemie und die menschliche Psyche............   27
5.1   Die Störungstrias der COVID-19 Pandemie   27
5.2   Wie Stress, Angst und Depression während der
       COVID-19 Pandemie entstehen..............................   27
5.3   Auswirkungen auf die Allgemeinbevölkerung................   29
5.4   Auswirkungen von nicht-pharmazeutischen Interventionen   29
       5.4.1   Isolation und Quarantäne – wirksam, aber mit
                unklaren Folgen.................................   29
                5.4.1.1   Auswirkungen von Isolation und
                           Quarantäne auf Erwachsene   30
                5.4.1.2   Auswirkungen von Isolation und
                           Quarantäne auf Kinder und Jugendliche......   30
                5.4.1.3   Empfehlungen zur Minderung der
                           Folgen von Isolation und Quarantäne........   31
       5.4.2   Social Distancing...............................   31
       5.4.3   Tragen eines Mund-Nasen-Schutzes   32
       5.4.4   Das Paradoxon der selbstzerstörenden Prophezeiung
                im Rahmen der COVID-19 Pandemie   33
5.5   Risikofaktoren für psychische Belastungen................   33
5.6   Risikogruppen   34
5.7   Resilienzfaktoren in der Zeit von COVID-19   34
5.8   Resilisienz in der Post-Pandemie Phase...................   34

6 Gesellschaftliche Aspekte der COVID-19 Pandemie.............   37
6.1   Alternativ- und pseudomedizinische Empfehlungen..........   37
6.2   Einsamkeit   38
6.3   Gerüchte...   39
6.4   Gesellschaft und Populärkultur   40
6.5   Gewaltausübung...   40

	6.5.1	Gewalt im öffentlichen Raum	40
	6.5.2	Familiäre und sexualisierte Gewalt	41
6.6	Kriminalität		41
6.7	Mediale Berichterstattung		42
6.8	Panikkäufe		42
6.9	Paranoide Gedanken.		43
6.10	Reaktionen auf Maßnahmen zur Eindämmung von		
	COVID-19		43
	6.10.1	Bereitschaft zur Befolgung von Maßnahmen	43
	6.10.2	Kritik, Unzufriedenheit und Widerstand	
		gegenüber Maßnahmen	44
6.11	Schuldzuweisungen		44
6.12	Soziale Unterstützung und Zusammenhalt		45
6.13	Stigmatisierung		45
6.14	Suizidversuche und Suizid.		46
6.15	Verschwörungstheorien		47
6.16	Verunsicherung.		48
6.17	Wahrgenommener gesellschaftlicher Konsens.		49
6.18	Wahrgenommene Veränderung der Lebensumstände		49
6.19	Xenophobie und Rassismus.		49
7	**„Schädliche Informationen" – Ursachen und Folgen einer**		
	Infodemie		**51**
7.1	Was eine Infodemie begünstigt und warum sie		
	gefährlich ist.		52
7.2	Infodemiologie – wie einer Infodemie begegnet		
	werden kann.		54
8	**Gelingende Bewältigung der COVID-19 Pandemie aus**		
	psychologischer Sicht		**57**
8.1	Der WHO-Ratgeber für Erwachsene		57
8.2	Der WHO-Ratgeber für Kinder und Jugendliche.		57
8.3	„Seelisch fit bleiben" – ein kurzer Leitfaden der WHO.		58
8.4	Gesamtgesellschaftliche Bewältigung der COVID-19		
	Pandemie		61
Literatur.			**65**

Über den Autor

Mag. John G. Haas, Dipl. Psychologe und Unternehmer arbeitet seit 2013 als Lektor an zwei österreichischen Fachhochschulen und unterrichtet Psychologie, Data Science und Future Studies. Zuvor war er 15 Jahre in Online-Agenturen tätig (zuletzt als Chief Creative Officer). Im Jahr 2014 legte er mit der europaweit ersten Frauenhilfe-App „fem:help" den Grundstein für einen psychosozialen Online-Service, der von der Republik Österreich eingesetzt wurde. 2004 entwickelte er das European Communication Certificate (Eco-C), ein Qualifizierungsprogramm für Arbeitssuchende, das österreichweit auf breiter Basis angewandt wird. Aktuell arbeitet er an Projekten in den Bereichen digital health und Infodemiologie und hält regelmäßig Vorträge und Webinare zu psychologischen Themen.

Weitere Inhalte zum Thema COVID-19 und Psychologie finden Sie auf der Begleitwebseite zum Buch unter www.covid19-psychologie.net

Epidemien und Pandemien – Warum sie entstehen und wie sie bekämpft werden

Infektionskrankheiten und deren gesundheitliche, wirtschaftliche und gesellschaftliche Folgen begleiten den Menschen seit Anbeginn. Darüber hinaus haben sie ihre Spuren im kulturellen und geschichtlichen Erbe der Menschheit hinterlassen, wobei manche Erkrankungen wie die Pest oder Cholera zu einem Symbol für ein schicksalhaftes Geschehen und für Krankheit, Leid und Tod wurden. In der Vergangenheit wurde dabei oft übersehen, dass psychologische Faktoren sowohl bei der Entstehung als auch bei der Bekämpfung von Epidemien und Pandemien eine wesentliche Rolle spielen.

1.1 Was ist eine Pandemie?

Obwohl sich die Wissenschaft auf keine verbindliche Definition des Pandemie-Begriffs einigen konnte, besteht über die Hauptmerkmale kein Zweifel. Führende Forscher schlagen folgende Faktoren vor, bei deren Vorliegen von einer Pandemie gesprochen werden kann. Dies sind breite geographische Ausdehnung, nachverfolgbare räumliche Weiterverbreitung, hohe Befallsrate mit rapider Entwicklung, minimale Immunität der Bevölkerung sowie Neuartigkeit, Infektiosität und Schwere der Erkrankung (Morens et al. 2009).

1.2 Warum entstehen Epidemien und Pandemien?

Die Ursachen für die Entstehung und die Verbreitung von Infektionskrankheiten sind vielfältig und miteinander vernetzt. Eine aktuelle Darstellung der wichtigsten Faktoren der Entstehung und Verbreitung von Infektionskrankheiten zeigt klar

J. Haas, *COVID-19 und Psychologie,* essentials, https://doi.org/10.1007/978-3-658-32031-7_1

auf, dass der größte Teil eine direkte oder indirekte Folge menschlichen Handelns und somit psychologisch bedingt sind (Morens et al. 2008).

---

13 Fakoren, die Epidemien und Pandemien entstehen lassen
1. Internationaler Handel und Gewerbe
2. Demografie und Verhalten des Menschen
3. Anfälligkeit des Menschen für Infektionen
4. Armut und soziale Ungleichheit
5. Krieg und Hunger
6. Scheitern von Maßnahmen in der öffentlichen Gesundheit
7. Technologie und Industrie
8. Veränderung von Ökosystemen
9. Klima und Wetter
10. Schädigende Absichten
11. Mangel an politischem Willen
12. Mikrobielle Anpassung und Veränderung
13. Wirtschaftliche Entwicklung und Bodennutzung

siehe auch Tab. 1.1 für eine Zuordnung der Faktoren zu historisch relevanten Epidemien und Pandemien

---

Betrachtet man Infektionskrankheiten in Hinblick auf ihre vielfältigen und vernetzten Ursachen so entsteht daraus ein systemischer Zusammenhang, der in Summe eine Herausforderung für die Menschheit darstellt, die sich im Extremfall rasch zu einer globalen Bedrohung entwickeln kann (Morens et al. 2008). Tab. 1.1.

Aus diesem Grund ist die globale Gemeinschaft nicht nur in Zeiten einer Pandemie gefordert, die Ursachen und Dynamiken von Infektionskrankheiten zu erkennen, sondern auch im Sinne eines gelingenden Menschseins vorausschauend, kooperativ und zielgerichtet zu agieren.

Tab. 1.1 Historisch relevante Epidemien und Pandemien und deren begünstigende Faktoren

Zeitraum	Bezeichnung	Geschätzte Anzahl menschlicher Todesfälle	Faktoren
430–426 v. Chr.	Attische Seuche	40.000	2, 5, 7, 9, 11
1347+	Pest im Mittelalter	~50 Mio	2, 5, 6, 7, 8, 10, 11, 13
1494–1499	Syphilis	>50.000	1, 2, 5, 7, 11
1520–1521	Pocken	3,5 Mio	2, 7, 10, 11, 13
1793–1798	Gelbfieber	~25.000	2, 3, 4, 5, 6, 7, 8, 9, 10, 12
1832	2. Cholera-Pandemie, Paris	~18.000	3, 5, 7, 8, 10
1918–1919	Spanische Grippe	~50+Millionen	1, 2, 5, 7, 11
1981+	AIDS	25+Millionen	1, 2, 4, 5, 7, 8, 9, 10, 12
2020–?	COVID-19	1+Million	1, 2, 3, 4, 6, 8, 9, 11, 12, 13[a]

[a]in der Einschätzung des Autors

1.3 Wie Epidemien und Pandemien bekämpft werden

Im Rahmen der Bekämpfung einer Epidemie oder Pandemie werden drei Arten von Maßnahmen (Interventionen) unterschieden. Dies sind Impfungen, pharmazeutische Interventionen und nicht-pharmazeutische Interventionen (NPI). Solange keine Impfungen verfügbar sind, stellen NPI die wirksamsten Maßnahmen dar.

▶ **Was sind nicht-pharmazeutische Interventionen?** Unter nicht-pharmazeutischen Interventionen versteht man alle Methoden zur Bekämpfung von Epidemien und Pandemien, ohne dass medizinische Behandlungen notwendig werden.

Die US-amerikanischen Centers for Disease Control and Prevention (CDC) teilen nicht-pharmazeutische Interventionen im Rahmen einer Epidemie oder Pandemie in drei Gruppen ein. Tab. 1.2.

Nicht-pharmazeutische Interventionen haben sich in der Vergangenheit mehrfach bewährt und wurden während der H1N1-Pandemie (Schweinegrippe) im

Tab. 1.2 Einteilung von nicht-pharmazeutischen Interventionen (NPI)

Persönliche Maßnahmen	Atemhygiene, Handhygiene, Sozialhygiene
Gemeinschaftsbezogene Maßnahmen	„Social distancing", Tragen von Mund-Nasen-Schutz-Masken, Reisebeschränkungen, Schließungen, Beschränkungen der Personenanzahl, Risikokommunikation
Umweltbezogene Maßnahmen	Regelmäßige Reinigung von Oberflächen häufig berührter Objekte, Infrastrukturelle Maßnahmen

Jahr 2009 eingesetzt. Eine Untersuchung von 4579 Interventionen im Rahmen der COVID-19 Pandemie in 76 Regionen weltweit ergab, dass es zwar keine wirksame Einzelintervention gibt, aber dass sich die Kombination mehrerer Maßnahmen als sehr wirksam erweist. Des Weiteren lässt sich eine klare Reihung von Interventions- bzw. Maßnahmenbereichen erkennen (Haug et al. 2020).

> **Die 4 wichtigsten nicht-pharmazeutischen Interventionen im Rahmen von COVID-19**
> - Räumliche Distanzierung („social distancing")
> - Schaffung von Kapazitäten für das Gesundheitswesen und die öffentliche Gesundheit
> - Reiseeinschränkungen
> - Risikokommunikation

Da es sich bei manchen Maßnahmen um eine Einschränkung der individuellen Freiheit handelt, wenn auch zugunsten eines gesellschaftlich übergeordneten Ziels, werden diese oft als unangenehm, belastend, einschränkend oder gar bedrohlich empfunden, was deren Einhaltung erschwert bzw. psychische Belastungen verursachen kann.

Fazit

- Infektionskrankheiten begleiten den Menschen seit Anbeginn und haben immer wieder bedrohliche Ausmaße angenommen.
- Die vielfältigen Ursachen der Entstehung von Epidemien und Pandemien bilden zusammen ein komplexes System, wobei die meisten davon einen psychologischen Hintergrund haben.
- Epidemien und Pandemien können durch die Kombination nicht-pharmazeutischer Interventionen und medizinischer Maßnahmen prinzipiell gut bekämpft werden. ◄

Die menschliche Psyche – eine kurze Betrachtung

„Die Seele ist ein weites Land." Arthur Schnitzler (1911)

Das Wort Psyche stammt aus dem Altgriechischen und bedeutete ursprünglich „Atem" oder „Hauch" und wurde im antiken Griechenland in einem umfassenderen Sinn zur Umschreibung der ganzen Person verwendet, bis hin zur Bezeichnung des Wertvollsten überhaupt. Dieser Begriff wurde im 20. Jahrhundert von Sigmund Freud in veränderter Bedeutung erneut aufgegriffen und verwendet.

Im heutigen Sinn verwendet bezeichnet Psyche die einzigartige Gesamtheit aller geistigen bzw. nicht-körperlichen Merkmale und Fähigkeiten eines Menschen. Diese beinhalten Aufmerksamkeit, Wahrnehmung, Emotion, Motivation und die Kognition (also alle „geistigen" Fähigkeiten wie Planen, Denken und Lernen). Im Gegensatz zum Begriff der Seele umfasst das Konzept der Psyche keine transzendenten Elemente.

2.1 Der Mensch als biopsychosoziale Einheit

Da eine eindimensionale Betrachtung des Menschen diesem nicht gerecht wird, muss diese auf einer möglichst breiten Basis stattfinden, um sowohl die Einzigartigkeit als auch die Vielfalt und Komplexität des „Phänomens" Mensch bestmöglich abzubilden.

Aus diesem Grund hat sich in der Psychologie und Medizin das biopsychosoziale Modell als Betrachtungs-, Erklärungs- und Behandlungshilfe etabliert. Auf Basis dieses Modells sollen Faktoren und Wechselwirkungen, die das

© Der/die Autor(en), exklusiv lizenziert durch Springer Fachmedien Wiesbaden GmbH, ein Teil von Springer Nature 2020
J. Haas, *COVID-19 und Psychologie*, essentials,
https://doi.org/10.1007/978-3-658-32031-7_2

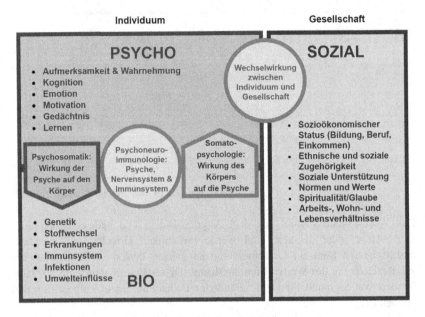

Abb. 2.1   Das biopsychosoziale Modell des Menschen im Überblick

Erleben und Verhalten des Menschen betreffen, besser erklärt werden. Darüber hinaus können damit Mechanismen der Aufrechterhaltung von Gesundheit bzw. der Entstehung von Krankheit veranschaulicht werden. (Abb. 2.1.)

Nicht zuletzt versucht das biopsychosoziale Modell der getrennten Betrachtung von Körper und Psyche entgegenzuwirken und unterstützt auf diese Weise eine ganzheitliche Sichtweise des Menschen.

2.2   Was ist eigentlich (psychische) Gesundheit?

Die Weltgesundheitsorganisation legte 1946 mit ihrer Definition von Gesundheit den Grundstein für eine moderne Sichtweise und definierte in ihrer Verfassung wie folgt: „Gesundheit ist ein Zustand des vollständigen körperlichen, geistigen und sozialen Wohlergehens und nicht nur das Fehlen von Krankheit oder Gebrechen." Diese Definition umfasst neben der körperlichen Gesundheit auch die psychische Gesundheit sowie das soziale Wohlergehen.

2.3   Wie eine psychische Störung entsteht und wie sie definiert wird

Prinzipiell ist der Mensch bestrebt, sein Wohlbefinden und Wohlergehen durch bestmögliche Anpassung (Adaptation) an die Umstände (eigenes Befinden, Sozialgefüge, Umwelt) hoch zu halten indem er einen Ausgleich zwischen der „Innenwelt" und „Außenwelt" herstellt. (Äquilibration). Die meisten Menschen sind dazu im Regelfall gut in der Lage.

Gelingen dem Individuum Adaptation und Äquilibration subjektiv nicht bzw. sind die daraus resultierenden Empfindungen, Handlungen oder deren Folgen für den Betroffenen oder die Umwelt nachteilig, kann man wertfrei betrachtet von einer Fehlanpassung (Maladaptation) sprechen.

Nicht jede psychische Belastung oder äußere Herausforderung führt automatisch zu einer psychischen Störung, da der Mensch über angeborene sowie im Laufe des Lebens erworbene Fähigkeiten verfügt, die es ihm ermöglichen mit Stress, großen Veränderungen oder Katastrophen umzugehen (Resilienz). Erst, wenn die individuelle Schwelle der Resilienz überschritten wird, erhöht sich die Wahrscheinlichkeit des Auftretens einer psychischen Störung.

In der Regel leidet bei Belastungen zuerst das Wohlbefinden und setzt dadurch ein Zeichen, dass Anpassungsbedarf besteht. Ist es dem Individuum in weiterer Folge nicht möglich, zielführende bzw. befindlichkeitssteigernde „innere" oder „äußere" Anpassungshandlungen zu tätigen, kann sich dieses subjektive Missempfinden in einen Zustand der permanenten Maladaptation verwandeln, der im Regelfall die Möglichkeiten einer weiteren Anpassung verkleinert (Teufelskreis) und die Gefahr einer psychischen Störung erhöht.

▶ Definition einer psychischen Störung „Eine psychische Störung kann als ein klinisch bedeutsames Verhaltens- oder psychisches Syndrom oder Muster betrachtet werden, das mit momentanem Leiden (z. B. einem schmerzhaften Symptom) oder einer Beeinträchtigung (z. B. Einschränkung in einem oder mehreren wichtigen Funktionsbereichen) oder einem erhöhten Risiko zu sterben, einhergeht. Unabhängig von dem ursprünglichen Auslöser sollte eine verhaltensmäßige, psychische oder biologische Funktionsstörung bei der Person zu beobachten sein." (Wittchen und Hoyer 2011, S. 32).

Die Ursachen von reduziertem Wohlbefinden oder einer psychischen Störung liegen in den meisten Fällen nicht in der Psyche allein, sondern werden durch biologische und gesellschaftliche Faktoren begünstigt.

2.4   Wie sich die Psyche ausdrückt

Das Vorhandensein einer psychischen Belastung oder Störung zeigt sich häufig in spezifischer Form auf vier Ebenen und ergibt in der Zusammenschau diagnostische Hinweise auf die Art und Schwere der Störung. Diese Ebenen sind im Sinne des biopsychosozialen Modells strukturiert, wobei die Psyche vereinfacht durch zwei in Wechselwirkung stehende Komponenten, nämlich Emotion und Kognition repräsentiert wird (Wittchen und Hoyer 2011, S. 32).

Ebenen des Ausdrucks von psychischen Belastungen und Störungen
   Emotionale Ebene: Die Art und Weise, wie Menschen ihre Gefühle erleben und äußern.
   Kognitive Ebene: Die Art und Weise, wie Menschen Informationen verarbeiten, denken, urteilen und lernen.
   Soziale Ebene: Die Art und Weise, wie sich Menschen verhalten (Motorik, das Ausmaß sozialer Aktivität und die Beschaffenheit der Interaktion mit anderen Menschen)
   Biologische Ebene: Die Beschaffenheit verschiedener biologischer Parameter wie z. B. des Herzschlags, der Muskelspannung oder des (Hirn-) Stoffwechsels.

Das subjektiv wahrgenommene Ausmaß einer psychischen Belastung oder Störung sowie der Umgang und der Ausdruck sind von der Person abhängig. So reicht die Palette des subjektiven Leidens von schwach (niedriger Leidensdruck) bis stark (hoher Leidensdruck).

Drückt sich die Psyche in der Sphäre des Körperlichen aus, so spricht man von Konversion (lat. für Umwandlung). Aus Sicht der Psychosomatik sind dabei die Formen des Ausdrucks im Sinne einer „Sprache" der Psyche von wesentlicher diagnostischer und therapeutischer Bedeutung, wobei gewisse Phänomene eindrucksvoll von der Einheit „von Leib und Seele" zeugen und somit die Annahmen des biopsychsozialen Modells stützen.

Fazit

- Das biopsychosoziale Modell versucht der Vielfalt und Einzigartigkeit des Menschen gerecht zu werden und fördert zudem ein ganzheitliches Bild des Menschen mit all seinen Anteilen.
- Menschen streben durch Anpassung und Ausgleich danach Wohlbefinden und Wohlergehen sicherzustellen, was ihnen im Regelfall auch gelingt.
- Das Empfinden einer psychischen Belastung oder das Auftreten einer psychischen Störung sind Zeichen dafür, dass die aktuellen Formen der Anpassung und des Ausgleichs dem Individuum nicht dienlich sind.
- Die Psyche des Menschen verfügt über vielfältige Möglichkeiten der Reaktion und des Ausdrucks. ◀

Psychologische Aspekte von Epidemien und Pandemien

3

„Die Pest war nichts. Die Angst vor der Pest war viel gewaltiger." Henri Poincaré (1905)

3.1 Die Angst des Menschen vor Infektionskrankheiten

Seit jeher lösen Infektionskrankheiten bei Menschen negative Gedanken und Gefühle, allen voran Angst, aus. Diese im Vergleich zu anderen Krankheiten stärkere Angst („Urangst") kann auf drei Gründe zurückgeführt werden (Pappas et al. 2009).

Die drei Hauptgründe für die erhöhte Angst des Menschen vor Infektion

- Der Charakter des Infektionsgeschehens, da dieses im Regelfall unbemerkt und rasch stattfindet und erst mit dem Auftreten von Symptomen zur Gewissheit wird.
- Die Rolle des infizierten Menschen, da er zugleich Opfer und Überträger einer Krankheit ist.
- Die zahlreichen und teils dramatischen Überlieferungen der Auswirkungen von Epidemien und Pandemien, vor allem im Hinblick auf die große Anzahl der Erkrankten und Verstorbenen.

© Der/die Autor(en), exklusiv lizenziert durch Springer Fachmedien Wiesbaden GmbH, ein Teil von Springer Nature 2020
J. Haas, *COVID-19 und Psychologie, essentials*,
https://doi.org/10.1007/978-3-658-32031-7_3

Eine stark überhöhte Angst vor Infektionen im Sinne einer psychischen Störung wird als Mysophobie bezeichnet. Eine Phobie stellt eine spezielle Form von Angststörung dar und ist durch eine extreme Angst vor bestimmten Objekten oder Situationen gekennzeichnet. Betroffene Personen zeigen oft ein Bewältigungsverhalten in Form von Vermeidung (Türklinken, Münzen, Toiletten, …) oder ein nur scheinbar wirksames Schutzverhalten in Form eines Wasch- oder Putzzwanges, um einer drohenden Infektion bzw. Verschmutzung entgegenzuwirken.

3.2   Ansteckung aus psychologischer Sicht

Der Begriff „Kontagion" stammt vom lateinischen Wort „contagio" (wörtlich: Kontakt, Berührung, aber auch Umgang oder Einfluss) ab und wird in der Psychologie im Sinne der „Ansteckung" von Verhalten (soziale Kontagion) aber auch von Gefühlen (emotionale Kontagion) verwendet. Besonders im Rahmen von gesellschaftlichen Ausnahmesituationen (Katastrophen, Krisen, Epidemien/ Pandemien, Krieg) spielen Kontagion-Effekte eine wesentliche Rolle. Aus der Erfahrung mit bisherigen Pandemien ist bekannt, dass sich besonders das Gefühl der Angst rasch weiterverbreitet.

In Zusammenhang mit COVID-19 wurde die rasche, vor allem medial vermittelte Verbreitung von Angst häufig als „zweite Pandemie" bezeichnet. Dies ist deswegen erwähnenswert, weil die subjektiv empfundene Angst einen maßgeblichen Einfluss auf das Gesundheitsverhalten und das Gelingen der psychischen Bewältigung hat.

3.2.1   Soziale Kontagion

Die soziale Kontagion kann als die über psychologische Mechanismen vermittelte Ansteckung von Verhalten definiert werden. Erstmalige Erwähnung fand der Begriff 1895 durch Gustave Le Bon, der ein pessimistisches Bild des Menschen zeichnete. Er schilderte sinngemäß, dass der Einzelne unter dem Einfluss der Masse seine Fähigkeit zur Kritik und Selbstkontrolle verliert und sich vorwiegend instinktiv verhält.

Neuere Befunde relativieren diese Einschätzung und weisen nach, dass in gesellschaftlichen Ausnahmesituationen zwar negative Effekte auftreten, aber ebenso positive Effekte wie verantwortungsvolles und prosoziales Verhalten auftreten.

Auch das Bild von Gruppenreaktionen hat sich von der Sichtweise einer kollektiven und unkontrollierbaren Masse weg, hin zu komplexeren Beschreibungen gewandelt. So dominieren heute Modelle der schrittweisen

Einigung in Gruppen oder des einstellungsabhängigen Zusammenschlusses das Bild von großen Gruppen.

In Bezug auf COVID-19 kann soziale Kontagion kooperative und prosoziale Verhaltensweisen in der Gesellschaft verbreiten und festigen. Gefahr geht in diesem Rahmen vor allem von vorsätzlich erzeugter Angst und dem folgenden furchtbezogenem Verhalten aus, da sich Menschen in Angst als leichter manipulierbar erweisen (Stichworte: „culture of fear" bzw. FUD – „Fear, uncertainty and doubt").

3.2.2 Emotionale Kontagion

Unter emotionaler Kontagion versteht man analog zur sozialen Kontagion die über psychologische Mechanismen vermittelte Ansteckung von Gefühlen. Aus Sicht der Forschung ist dafür vor allem die gegenseitige und zum Großteil unbewusste Anpassung (Mimikry) von Körperhaltung, Gesichtsausdruck, Stimme und Bewegung verantwortlich.

Die emotionale Kontagion kann aber nicht nur im direkten, persönlichen Kontakt, sondern auch medial stattfinden. Einer breiteren Öffentlichkeit wurde dieser Effekt im Rahmen der kontrovers diskutierten „Facebook-Studie" bekannt, in der eine emotionale Kontagion durch manipulierte User-Timelines (Kontagion durch emotional positive oder negative Inhalte) auf der Basis von etwa 700.000 Usern eindrucksvoll belegt werden konnte (Kramer et al. 2014).

Eine nachteilige und bedenkliche Folge der emotionalen Kontagion im Rahmen von COVID-19 ist, dass sich vor allem Angst durch die mediale Berichterstattung rasch verbreitet und durch soziale Medien weiter verstärkt werden kann. In Folge kann es zu einer verzerrten Risikowahrnehmung, verringertem Gesundheitsverhalten, Frustration, Überforderung, Widerwillen und Angstgefühlen kommen.

3.3   Abwehr aus psychologischer Sicht

3.3.1   Abwehr aus Sicht der Evolutionspsychologie – das Verhaltensimmunsystem

Das Verhaltensimmunsystem (engl. behavioral immune system, BIS) kann als eine Reihe von psychologischen Mechanismen definiert werden, die es Menschen ermöglicht, sich vor Krankheitserregern zu schützen. Dieses Ziel wird durch drei interagierende Funktionsbereiche erreicht (Schaller und Park 2011).

Die drei Hauptfunktionen des menschlichen Verhaltensimmunsystems

- Erkennung von Hinweisen auf das Vorhandensein infektiöser Krankheitserreger (bestimmte Gerüche, sichtbare Krankheitsanzeichen und Verhaltensweisen) in der unmittelbaren Umgebung.
- Auslösen von krankheitsrelevanten Gefühlen (Abneigung, Abscheu, Ekel, …) und Gedanken (Bedrohung, Gefahr).
- Auslösen von abwehrenden Verhaltensweisen (Meiden, Abwehr, Bekämpfung).

Dieser evolutionär entstandene Schutzmechanismus bringt nicht nur Vorteile mit sich. Ein gravierender Nachteil ist, dass sich die Lebensumwelt des Menschen rascher verändert hat als dessen biologische Entwicklung und dieses System im Sinne von „Fehlalarmen" auf Situationen und Personen reagiert, von denen keine Gefahr (mehr) ausgeht. Zudem laufen viele Prozesse des Verhaltensimmunsystems autonom und teilweise unbewusst ab, was eine Reflexion bzw. kognitive Kontrolle erschwert.

Jüngere Forschungen lassen teilweise kontroverse Implikationen erkennen, wie etwa, dass dieses System Vorurteile und Fremdenfeindlichkeit begünstigen könnte (Schaller und Park 2011).

3.3.2 Abwehr aus Sicht der Psychoanalyse

Aus psychoanalytischer Sicht kann eine Hierarchie von Abwehrmechanismen aufgestellt werden, die von narzisstischen über unreife und neurotische bis hin zu reifen Formen reicht. Diese Formen sind mit spezifischen Psychopathologien verknüpft und werden hier in absteigender Anpassungsleistung dargestellt und mit möglichen Reaktionen im Rahmen der COVID-19 Pandemie illustriert (Werner und Langenmayr 2005). Tab. 3.1.

Tab. 3.1 Formen der Abwehr und Bewältigung während Epidemien und Pandemien aus psychoanalytischer Sicht

	Narzisstisch	Unreif	Neurotisch	Reif
Psychopathologien	Psychosen	Persönlichkeitsstörungen, Affektive Störungen	Neurosen	Keine
Mechanismen der Abwehr	• Wahnhafte Projektion • psychotische Ableugnung der externen Realität • Verzerrung	• Projektion • Schizoide Phantasien • Hypochondrie • Passiv-aggressives Verhalten • Ausagieren („Ausleben")	• Intellektualisieren • Verdrängung • Verschiebung • Reaktionsbildung • Dissoziation	• Altruismus • Humor • Unterdrückung • Antizipation • Sublimation
COVID-19 bezogene Erlebens- und Verhaltensweisen[a]	• Leugnung von Sachverhalten • Wahnhafte Vorstellungen über Herkunft, Vorbeugung und Behandlung • Überwertige Ideen • Verschwörungsdenken	• Depression • Gewalt • Krankhaftes Misstrauen • Missbrauch • Negative Zukunftserwartungen • Schuldzuweisungen • Stigmatisierung	• Angst • „Ausblenden" von relevanten Aspekten • Gefühl der Entfremdung • Kritik, Zweifel • Panikkäufe • Psychosomatische Beschwerden • Suche nach alternativen Erklärungen • Überengagement • Verunsicherung	• Hilfsbereitschaft • Humor bewahren • Positive Zukunftserwartungen • Soziale Unterstützung • Verwirklichung und Entfaltung (sozial, künstlerisch, spirituell, ...) • Zusammenhalt • Zurückstellen von Bedürfnissen

[a]relevante Aspekte ohne Anspruch auf Vollständigkeit

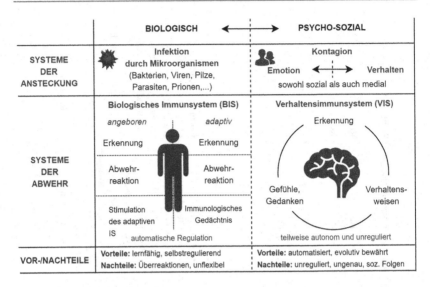

Abb. 3.1 Biopsychosoziales Modell von Ansteckung und Abwehr

3.3.3 Das biopsychosoziale Modell der Ansteckung und Abwehr

Abschließend betrachtet können aus biopsychosozialer Sicht die Systeme der Ansteckung und Abwehr wie folgt zusammengefasst und dargestellt werden. (Abb. 3.1.)

3.4 Das Spektrum psychischer Störungen im Kontext von Epidemien und Pandemien

Was die Palette der Entstehung von psychischen Störungen im Rahmen von Epidemien und Pandemien betrifft, finden sich in der neueren Literatur häufig folgende Diagnosen, die hier angeführt werden sollen. Ob sich eine Störung entwickelt bzw. welche Störung sich entwickelt bzw. ob eine bestehende Störung verstärkt wird, hängt im Sinne des biopsychosozialen Modells von einer Vielzahl von Faktoren ab.

Überblick über relevante Störungen und Verhaltensfaktoren im Kontext von Epidemien und Pandemien (samt ICD-10 Code)

Psychische Störungen bei Erwachsenen
Psychische und Verhaltensstörungen durch psychotrope Substanzen, vor allem Alkohol (F10-F19), Schizophrenie (F20), Schizotype Störung (F21), Wahnhafte Störung (F22.0), Akute vorübergehende psychotische Störungen (F23), Induzierte wahnhafte Störung (F24), Schizoaffektive Störungen (F25), Phobische Störungen (F40), Panikstörung (F41.0), Generalisierte Angststörung (F41.1), Zwangsstörung (F42), Akute Belastungsreaktion (F43.0), Posttraumatische Belastungsstörung (F43.1), Anpassungsstörungen (F43.2), Dissoziative und Konversionsstörungen (F44), Somatisierungsstörung (F45.0), Hypochondrische Störung (F45.2), Essstörungen (F50), Nichtorganische Schlafstörungen (F51)

Psychische Störungen bei Kindern
Störungen des Sozialverhaltens (F91), Kombinierte Störung des Sozialverhaltens und der Emotionen (F92), Emotionale Störungen des Kindesalters (F93), Einnässen (F98.0)

Faktoren, die den Gesundheitszustand beeinflussen und zur Inanspruchnahme des Gesundheitswesens führen
Probleme mit Bezug auf die Lebensführung (Z72): Alkohol- und Tabakkonsum, Arzneimittel- oder Drogenkonsum, Ungeeignete Ernährungs- oder Essgewohnheiten, Burnout (Z73.0), Stress (Z73.3)

3.5 Management psychischer Belastungen und psychischer Störungen im Kontext von COVID-19

Abhängig von der Beschaffenheit der Belastung in Bezug auf Dauer und Schwere gibt folgendes Modell einen Überblick über selbst durchführbare Maßnahmen als über die Beratung und Behandlung durch ExpertInnen für psychische Gesundheit (Kar et al. 2020). (Abb. 3.2.)

Das Hauptziel aller Maßnahmen ist die Minderung der psychischen Belastung vor dem Hintergrund, dass die betroffenen Personen rasch ein größtmögliches Maß an subjektivem Wohlbefinden, Selbstbestimmung und Handlungsfreiheit wiedererlangen.

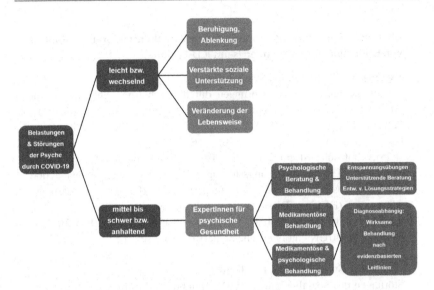

Abb. 3.2 Management psychischer Belastungen und Störungen im Kontext von COVID-19

3.6   Abschätzung des eigenen psychischen Wohlbefindens

Für die Abschätzung des eigenen Wohlbefindens eignet sich der von der Weltgesundheitsorganisation entwickelte WHO-Five Well-Being Index (dt. WHO-5-Wohlbefindens-Index) in Form eines kurzen Fragebogens, der mittels fünf einfacher Fragen bei einer Bearbeitungszeit von etwa einer Minute zuverlässige Ergebnisse liefert. Dieser kann aufgrund seiner Beschaffenheit bereits bei älteren Kindern und Jugendlichen eingesetzt werden.

Darüber hinaus existieren eine Reihe von weiteren kostenfrei und anonym nutzbaren Fragebögen zur Selbsteinschätzung von Angst, Stress und Depression bzw. weiterer möglicher Problematiken.

In Bezug auf die Interpretation leisten diese Kurzverfahren zwar gute Dienste bei der Einschätzung des Ausmaßes einer Problematik, ermöglichen aber keine Diagnose und ersetzen auch nicht die Rolle und die Leistungen von ausgebildeten ExpertInnen für psychische Gesundheit (Psychologe, Psychiater, Psychotherapeut).

3.7   Resilienz in Zeiten der Epidemie und Pandemie

Resilienz kann man als die Fähigkeit, schwierige Lebenssituationen oder Krisen ohne anhaltende Beeinträchtigung zu bewältigen, bezeichnen. Dazu greift der resiliente Mensch auf persönliche, familiäre und soziale Ressourcen zurück. Prinzipiell werden innere und äußere Resilienzfaktoren unterschieden.

3.8   Die Rolle von Angst und Furcht

Die Hauptfunktion der unangenehmen Empfindungen von Angst bzw. Furcht besteht darin, dem Individuum ein eindeutig wahrnehmbares Signal zu senden, dass aktuell Gefahr besteht, eine Bedrohung bevorsteht oder ein (Motiv-)Konflikt herrscht.

Prinzipiell kann Furcht, also die Angst vor einer konkreten Bedrohung als eine für das Überleben notwendige Funktion gesehen werden. Die Furcht vor einer Massenbedrohung, wie sie eine sich rasch verbreitende Infektionskrankheit darstellt, ist in Folge verständlich, zu erwarten und in Summe als für die Masse richtungsweisend anzusehen.

Wird eine bestehende Furcht entsprechend kanalisiert und umgeleitet, so wirkt dies in Summe risikoverringernd und mindert die psychische Belastung (Shultz et al. 2016). Der Risikoforscher Peter Sandman bezeichnete in diesem Zusammenhang die schnelle Verbreitung der Furcht vor einer Infektion als ein evolutiv sinnvolles Geschehen.

Wie aus der Forschung bekannt, begünstigt ein angemessenes Maß an Gesundheitsangst die Bewältigung von Pandemien, während kaum vorhandene oder extrem hohe Gesundheitsangst die Nichtbefolgung von Empfehlungen bzw. Vorbehalte oder den Widerstand fördern.

Fazit

- Der Mensch weist eine evolutiv entwickelte Angst vor Infektionskrankheiten auf, die ihn vor Schaden schützen soll.
- Verhaltensweisen und Emotionen können von Mensch zu Mensch sowohl in der direkten Begegnung wie auch medial übertragen werden (Kontagion), wobei im Rahmen von Pandemien die Übertragung von Angst die größte Rolle spielt.

- Die menschliche Psyche verfügt analog zum menschlichen Körper über Mechanismen der Abwehr von Infektionen, wobei manche davon einem gedeihlichen Zusammenleben abträglich sein können.
- Das Spektrum psychischer Störungen im Rahmen von Epidemien und Pandemien ist breit, wobei alle Formen von Angst eine herausragende Rolle spielen. ◄

Eine kurze Psychohistorie von Epidemien und Pandemien

4

„Die unfassbare Natur der Krankheit überfiel jeden mit einer Wucht über Menschenmaß, und insbesondre war dies ein klares Zeichen, dass sie etwas anderes war, als alles Herkömmliche." Thukydides (428 v. Chr.)

Die Psychohistorie widmet sich der Untersuchung von geschichtlichen Ereignissen aus der Sicht der Psychologie. Die ersten Schilderungen von Pandemien datieren auf das Jahr 1320 v. Chr., wobei die ersten ausführlicheren Schilderungen von der attischen Seuche stammen.

4.1 Psychohistorie der Attischen Seuche

Die Attische Seuche wütete in den Jahren 430–426 v. Chr. zur Zeit des Peloponnesischen Krieges in der Region um Athen. Über den Erreger der Krankheit herrscht bis heute noch Unklarheit. Gesichert scheint jedoch, dass der Ausbruch dieser Epidemie etwa einem Viertel der Bevölkerung das Leben kostete.

Die aus psychologischer Sicht ausführlichsten Beschreibungen der Attischen Seuche stammen vom Geschichtsschreiber und General Thukydides, der wie folgt berichtet (Thucydides und Landmann 1993):

„Das Allerärgste an dem Übel war die Mutlosigkeit."

Was die Angst vor der Ansteckung und deren Folgen betrifft, schreibt dieser folgendes:

© Der/die Autor(en), exklusiv lizenziert durch Springer Fachmedien Wiesbaden GmbH, ein Teil von Springer Nature 2020
J. Haas, *COVID-19 und Psychologie*, essentials,
https://doi.org/10.1007/978-3-658-32031-7_4

„Wenn sie nämlich in der Angst einander mieden, so verdarben sie in der Einsamkeit, und manches Haus wurde leer, da keiner zu pflegen kam; gingen sie aber hin, so holten sie sich den Tod, grad die, die Charakter zeigen wollten.“

Weiters schildert Thukydides eine aufkommende allgemeine Gleichgültigkeit:

„Denn die Menschen, völlig überwältigt vom Leid und ratlos, was aus ihnen werden sollte, wurden gleichgültig gegen Heiliges und Erlaubtes ohne Unterschied.“

In Bezug auf die Entwicklung in der Gesellschaft findet sich folgende Darstellung:

„Überhaupt kam in der Stadt die Sittenlosigkeit erst mit dieser Seuche richtig auf. Denn mancher wagte jetzt leichter seinem Gelüst zu folgen, das er bisher unterdrückte.“

Was mögliche Erklärungen über die Herkunft der Seuche betraf, findet sich hier vielleicht das erste verschwörerische Gerücht in der Geschichte der Infektionskrankheiten:

„In die Stadt Athen brach sie [die Seuche, Anm. des Autors] plötzlich ein und ergriff zunächst die Menschen in Piräus, weshalb auch die Meinung aufkam, die Peloponnesier hätten Gift in die Brunnen geworfen.“

4.2   Psychohistorie der Pest im Mittelalter

Die Pest, die ab dem Jahr 1347 den europäischen Kontinent heimsuchte, wird von vielen Autoren übereinstimmend als eine der größten Katastrophen der Menschheitsgeschichte bezeichnet. Wenn auch die Experten-Schätzungen über die Todesrate des „schwarzen Todes“ zwischen 30 % und 60 % schwanken, so stimmen die meisten Quellen in Bezug auf die Folgen überein, dass im Erleben und Verhalten der Menschen dieser Zeit derart massive Einschnitte erfolgten, dass die gesellschaftlichen Auswirkungen auch viele Jahrhunderte später noch zu bemerken waren. Auf diese Weise hat sich „das große Sterben“ bzw. „die große“ Pestilenz, wie die Pest damals genannt wurde, zu einem prototypischen Schreckensszenario etabliert.

Die psychosozialen Folgen des Auftretens der Pest waren zu Beginn von Panik, Flucht aus den betroffenen Gebieten sowie starker sozialer Unordnung geprägt. (Abb. 4.1.)

Abb. 4.1 Zeitgenössische Darstellung sozialer Pestfolgen – Holzschnitt „Runaways fleeing from the plague" von H. Gosson (1630) – Wellcome Collection (o. J.)

Die Menschen mieden einander und Erkrankte wurden vielfach aus Angst vor Ansteckung, teilweise auch von ihren Angehörigen, dem Schicksal überlassen. In Folge etablierten sich verschiedene Strategien der Bewältigung. Manche Menschen zogen sich, so gut es möglich war, zurück, während andere einen exzessiven und fatalistischen Lebensstil an den Tag legten. Wiederum andere versuchten der Pest durch Abwehrmaßnahmen (am Körper getragene Kräuter, magische Rituale, Zaubersymbole) zu entgegnen.

Mit Fortdauer der psychosozialen Belastung entwickelten sich Verhaltensweisen wie eine übermäßige Frömmigkeit sowie ausufernde Formen von Aberglauben und eine „Verrohung der Sitten" bis hin zur Gewalt gegen andere.

Zwei vielfach diskutierte Extrementwicklungen, nämlich die Verfolgung von Juden und das Wiederauftreten von Selbstgeißlerbewegungen, stellten bemerkenswerte Tiefpunkte dieser Zeit dar.

Aus dem Jahr 1349 stammt übrigens einer der ersten überlieferten psychologischen Ratschläge zur Vorbeugung der Pest aus der Feder des in Almeria (Spanien) beheimateten muslimischen Arztes und Poeten Abu Ja'far Ahmad ibn Khatima. Dieser Ratschlag mutet in seiner Relevanz nahezu prophetisch an, wenn man ihn im Licht der heutigen Forschung betrachtet.

Ratschlag des Abu Ja'far Ahmad ibn Khatima zur psychologischen Abwehr und Bewältigung der Pest (1349)

„Am zweckmäßigsten ist es, Freude, Heiterkeit, Erholung, Hoffnung zu schaffen. Man soll versuchen, diese Empfindungen möglichst oft durch erlaubte Mittel bei sich zu erwecken. Man soll nach einer angenehmen, lieben, reizvollen Gesellschaft suchen. Gewarnt wird davor, über andere schlecht zu reden, auch vor allem, was Traurigkeit mit sich bringt. Vermieden werden muss alle Erregung, aller Zorn und Schrecken, kurz alles, was eine unangenehm innere Bewegung verursacht." (nach Aberth 2005, S. 59)

Neuere Untersuchungen bezweifeln das häufig dargestellte Ausmaß der Entfremdung untereinander und kommen zu dem Schluss, dass die Not langfristig mehr einigende als trennende Effekte mit sich brachte.

4.3   Psychohistorie von Epidemien und Pandemien im 20. und 21. Jahrhundert

Bereits im Jahr 1796 wurde eine Vakzine gegen die gefürchteten Pocken entwickelt und erfolgreich angewendet, während anderen gefährlichen Infektionskrankheiten (Typhus, Cholera, Diphterie und Tollwut) erst ab Ende des 19. Jahrhunderts durch Schutzimpfungen vorgebeugt werden konnte.

In vielen Ländern der Welt waren in Folge breit angelegte Aufklärungskampagnen mit dem Ziel der Verbesserung der öffentlichen Hygiene im Sinne der Reduktion von Infektionskrankheiten zu bemerken. Dies fand nicht nur seinen Niederschlag in den Medien, sondern auch in den Bemühungen einer sich rasch entwickelnden Gesundheitsindustrie, die ihre Produkte ausgiebig bewarb.

Auf diese Weise fanden sich die Menschen des beginnenden 20. Jahrhunderts innerhalb von wenigen Jahrzehnten in einer Welt voll unsichtbarer und vormals unbekannter Krankheitserreger wieder, was laut Befund mancher Sozialforscher in den USA und Europa zu einer ersten Phase der „germ panic" (deutsch: Keimpanik) führte, die von etwa 1900 bis 1940 währte (Tomes 2000).

Mitten in diese Phase fiel auch die Ausbreitung der Spanischen Grippe (1918–1919), die den Menschen auf drastische Weise die fatalen Folgen von Infektionskrankheiten vor Augen führte und die bestehende Grundangst vor Infektionen weiter befeuerte.

Viele Befürchtungen flauten infolge des 2. Weltkriegs und angesichts einer steigenden Anzahl von Impfprogrammen (Polio-Impfung) und der Ausrottung der Pocken (1977) ab, bis die zweite Phase der „germ panic" mit der Entdeckung des HIV-Virus und der daraus resultierenden AIDS-Erkrankung begann, die bis heute anhält (Tomes 2000).

Auch in der Populärkultur spielen eine Vielzahl von Büchern und Filmen mit der „Urangst" vor Infektionen und haben im Horrorgenre ihren festen Platz eingenommen.

Im 21. Jahrhundert waren es dann vor allem die vielgestaltigen Medienberichte von Epidemien und Pandemien wie Ebola, SARS, MERS und der H1N1-Grippe, die das zeitgenössische Pandemiebild der Menschen in der Zeit vor COVID-19 geprägt haben.

Fazit

- In der Antike und im Mittelalter nahmen Pandemien ein gesellschafts-bedrohendes Ausmaß an, das die Menschen nicht nur außerordentlich ver-ängstigte, sondern auch zu Panik, sozialer Unordnung und Enthemmung führte.

- In der Zeit der Pest im Mittelalter waren verschiedene Strategien (Rück-zug, fatalistischer Lebenstil, Abwehrverhalten) zu bemerken, wobei die negativen Höhepunkte religiöser Fanatismus und die Verfolgung von Juden waren.

- Einer der ersten psychologischen und heute noch gültigen Ratschläge zur psychischen Bewältigung stammt von einem arabischen Mediziner und datiert auf das Jahr 1349.

- Einhergehend mit den medizinischen Fortschritten ab dem frühen 20. Jahr-hundert waren Menschen immer wieder mit einer starken Angst vor Infektion konfrontiert („germ panic"). ◄

Die COVID-19 Pandemie und die menschliche Psyche

5

Es besteht gemeinhin Konsens, dass die COVID-19 Pandemie einen akuten, globalen Gesundheitsnotfall darstellt, der Auswirkungen auf die körperliche und psychische Gesundheit einer großen Anzahl von Menschen hat.

5.1 Die Störungstrias der COVID-19 Pandemie

Prinzipiell ist die Palette möglicher psychischer Störungen im Rahmen von Krisensituationen breit, wobei sich in der aktuellen Forschung vornehmlich eine Trias aus Stress, Angst und Depression herauskristallisiert hat. (Abb. 5.1.)

Abhängig vom Ausmaß der subjektiven Belastung geht (nicht nur) mit diesen Störungen eine Einschränkung der Freiheit im Erleben und Verhalten der betroffenen Individuen einher, die in Summe wiederum einen maßgeblichen Einfluss auf die gesamtgesellschaftliche Pandemiebewältigung hat („gesellschaftliche Resilienz"). Abschn. 8.4.

5.2 Wie Stress, Angst und Depression während der COVID-19 Pandemie entstehen

Was die Entstehung der durch die COVID-19 Pandemie vorrangig auftretenden psychischen Störungen betrifft, schlagen die Autoren einer systematischen Review und Metaanalyse ein multifaktorielles Modell vor, das die Hauptfaktoren der Begünstigung der Entstehung von Stress, Angst und Depression beinhaltet. (Abb. 5.2.)

© Der/die Autor(en), exklusiv lizenziert durch Springer Fachmedien Wiesbaden GmbH, ein Teil von Springer Nature 2020
J. Haas, *COVID-19 und Psychologie*, essentials,
https://doi.org/10.1007/978-3-658-32031-7_5

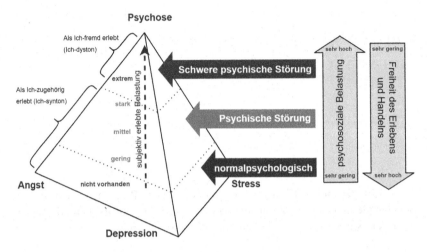

Abb. 5.1   Die Trias von Stress, Angst und Depression als häufigste psychische Störungen im Kontext der COVID-19 Pandemie

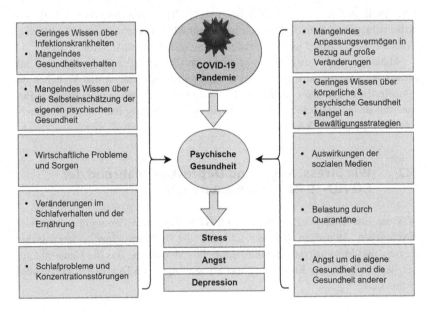

Abb. 5.2   Faktoren, die Stress, Angst und Depression im Rahmen der COVID-19 Pandemie begünstigen

Aus Sicht dieser Studie sind dies kurzgefasst eine geringe Gesundheitskompetenz und geringe Anpassungsfähigkeit, die in Kombination mit verändertem Schlaf- und Ernährungsgewohnheiten, dem Einfluss von sozialen Medien und den starken Stressoren (Gesundheitsangst, Belastungen durch Quarantäne, Sorgen um das wirtschaftliche Wohlergehen) der Pandemiesituation die Wahrscheinlichkeit der Entstehung der drei genannten Störungen begünstigen (Salari et al. 2020).

5.3 Auswirkungen auf die Allgemeinbevölkerung

In Folge der Ausbreitung von COVID-19 außerhalb Chinas setzten groß angelegte Studien in westlichen Ländern ein, die im Großen und Ganzes übereinstimmende Befunde ergeben.

Eine Metaanalyse aus dem Mai 2020 berichtete bei der Allgemeinbevölkerung von einem allgemein reduzierten Wohlbefinden und höheren Werten in den Bereichen Angst und Depression im Vergleich zu der Zeit vor COVID-19 (Vindegaard und Benros 2020).

Die weltweit erste systematische Review und Metaanalyse mit Daten von über 100.000 Personen aus dem Juli 2020 untersuchte die drei Faktoren Stress, Angst und Depression in der Allgemeinbevölkerung. Dabei kamen die Autoren zu der Erkenntnis, dass in der Zeit bis Mitte Mai 2020 knapp 30 % der Weltbevölkerung unter Stressbelastung litten, während 32 % unter Angst und knapp 34 % unter depressiven Symptomen zu leiden hatten (Salari et al. 2020).

Eine systematische Review mit Daten aus acht Ländern fand in der Allgemeinbevölkerung relativ hohe Raten von Angstzuständen, Depressionen, posttraumatischen Belastungsstörungen und Stress (Xiong et al. 2020).

5.4 Auswirkungen von nicht-pharmazeutischen Interventionen

5.4.1 Isolation und Quarantäne – wirksam, aber mit unklaren Folgen

Laut einer Expertenschätzung mit Stand August 2020 wurde etwa ein Drittel der gesamten Weltbevölkerung im Rahmen der COVID-19 Pandemie unter Quarantäne („Lockdown") gestellt. Die Psychologin Dr. Elke van Hoof sprach im April 2020 davon, dass „dies das größte psychologische Experiment aller Zeiten" mit noch unklaren Folgen für die menschliche Psyche sei.

▶ **Wie Isolation und Quarantäne definiert werden** Die Centers for Disease Control and Prevention (CDC) definieren Isolation als die Trennung von Menschen mit einer ansteckenden Krankheit von anderen, nicht erkrankten Menschen, während die Quarantäne eine Trennung von anderen Menschen mit einhergehender Bewegungseinschränkung ist, um festzustellen ob sie Krankheitssymptome entwickeln.

5.4.1.1 Auswirkungen von Isolation und Quarantäne auf Erwachsene

Eine Metastudie zu den psychologischen Effekten von Isolation und Quarantäne ergab, dass nachteilige Auswirkungen auf die menschliche Psyche zu erwarten sind. Allen voran wurden dabei Verwirrung und Zorn sowie Symptome der posttraumatischen Belastungsstörung (COVID-Stresssyndrom) erhoben. Bei längerer Quarantänedauer traten zudem Angst vor Ansteckung, Frustration und Langeweile sowie das Gefühl unzureichender Information als auch die Angst vor finanziellen Verlusten und Stigmatisierung auf (Brooks et al. 2020).

5.4.1.2 Auswirkungen von Isolation und Quarantäne auf Kinder und Jugendliche

Eine während der COVID-19 Pandemie durchgeführte Metastudie der Auswirkungen auf Kinder und Jugendliche berichtete über Unruhe, Reizbarkeit, Angst, stärkere Anhänglichkeit und höhere Unaufmerksamkeit in Verbindung mit mehr Zeit vor den Bildschirmen.

In Zusammenschau mit älteren Studien sind Isolation und Quarantäne mit teilweise weitreichenden, negativen Folgen auf das psychische Wohlbefinden von Kindern und Jugendlichen verbunden, da nachteilige Effekte auch noch Monate oder Jahre später eintreten können.

Um diese Folgen bestmöglich abzumindern, schlagen die meisten Autoren übereinstimmend mit der WHO vor, rasch und effizient zu intervenieren. Zu den genannten Maßnahmen zählen eine alters- und entwicklungsgerechte Vermittlung von Sachverhalten, die Aufrechterhaltung von familiären Routinen und Bildungsmaßnahmen, die Bewahrung eines positiven Familienklimas, die Etablierung eines gesundheitsfördernden Lebensstils und die Einbeziehung von Aktivitäten zur Gesundheitsförderung in den Lehrplan (Imran et al. 2020).

5.4.1.3 Empfehlungen zur Minderung der Folgen von Isolation und Quarantäne

Bereits im Februar 2020 gaben die Autoren einer vielbeachteten Studie Empfehlungen zur Reduktion der psychischen Belastung ab. Diese lauteten, die Zeit der Quarantäne so kurz wie möglich zu halten und die betroffenen Personen so klar wie möglich über den Grund, die voraussichtliche Dauer und die Möglichkeiten der psychischen Bewältigung während dieser Zeit zu informieren (Brooks et al. 2020).

Gestützt wird die Empfehlung einer möglichst kurzen Isolation und Quarantäne aus Sicht der Psychoneuroimmunologie (PNI) sowie aus den Erkenntnissen vorhergehender SARS- und MERS-Epidemien, die erkennen lassen, dass massive Umstellungen in der Lebensführung eine nachteilige Wirkung auf das Immunsystem haben (Kim und Su 2020).

Einen entgegengesetzten Standpunkt nimmt eine neuere Studie ein, die betont, dass sich Isolation und Quarantäne im Rahmen der aktuellen COVID-19 Pandemie nicht nachteilig auf die Psyche bzw. das Immunsystem ausgewirkt haben (Milman et al. 2020).

5.4.2 Social Distancing

Social distancing (dt. soziale Distanzierung), eigentlich sinnvoller als physical distancing (dt. physische Distanzierung) bezeichnet, bedeutet, einen Sicherheitsabstand zwischen sich und Personen, die nicht aus dem eigenen Haushalt stammen, zu schaffen, um das Risiko einer Übertragung zu verringern. Im Rahmen der COVID-19 Pandemie variieren die öffentlichen Empfehlungen für den Mindestabstand zwischen 1 und 2 m.

Erste Untersuchungen zu den Auswirkungen aus März 2020 zeigten, dass bei einer freiwillig praktizierten sozialen Distanzierung keine negativen Veränderungen zu bemerken waren. Die meisten Befragten gaben an, dass sie durch ihr Verhalten vor allem die Mitmenschen vor einer Infektion schützen wollten (Oosterhoff et al. 2020).

Das Dilemma von Sozialkontakt und Infektion

In Zeiten grassierender Infektionskrankheiten ist der Mensch in seinem Sozialverhalten mit einem Dilemma konfrontiert. Entscheidet die Person, sich zu isolieren so sinkt zwar das

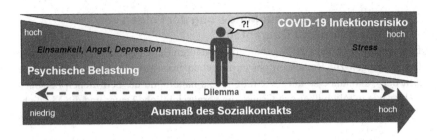

Abb. 5.3 Infektionsrisiko durch COVID-19 und erhöhte psychische Belastung als Dilemma in Bezug auf das Ausmaß des Sozialkontakts

Infektionsrisiko, dafür steigt das Ausmaß der psychischen Belastung. Umgekehrt kann eine Person in der direkten sozialen Interaktion zwar Erleichterung finden, ist aber im Gegenzug einem erhöhten Infektionsrisiko ausgesetzt, was wiederum psychisch belastend wirkt. (Abb. 5.3.)

5.4.3   Tragen eines Mund-Nasen-Schutzes

Im Laufe der Pandemie entwickelte sich in vielen Ländern eine Kontroverse über die psychologischen Effekte des Tragens von Mund-Nasen-Schutzmasken (auch: Medizinische Gesichtsmasken). Dabei stand zuerst der Effekt eines falschen Sicherheitsgefühls und der damit verbundenen Vernachlässigung anderer Mittel zur Risikominderung (soziale Distanzierung, Händehygiene) im Vordergrund.

In Folge wurde auf die nützlichen sozialen Effekte des Maskentragens durch die Verlagerung des Fokus vom Selbstschutz auf den Altruismus hingewiesen, wobei das Tragen eines Mund-Nasen-Schutzes zunehmend zu einem Symbol für eine gegenseitige Rücksichtnahme und den Zusammenhalt im Kontext der Pandemie wurde (Cheng et al. 2020).

Zusammenfassend betrachtet implizieren die Ergebnisse, dass das Tragen eines Mund-Nasen-Schutzes nicht nur den Träger vor COVID-19 schützt und durch das wahrgenommene Maß an Selbstschutz auch die Empfindung von Zusammenhalt erhöht und dadurch ebenso das psychische Wohlbefinden verbessert (Szczesniak et al. 2020).

5.4.4 Das Paradoxon der selbstzerstörenden Prophezeiung im Rahmen der COVID-19 Pandemie

Fälschlicherweise in den Medien oft als Paradox der Prävention bzw. Präventionsparadoxon bezeichnet, trat im Rahmen der COVID-19 Pandemie ein paradoxer Effekt auf, der korrekterweise als selbstzerstörende Prophezeiung, also als das Gegenteil einer selbsterfüllenden Prophezeiung bezeichnet wird. Eine selbstzerstörende Prophezeiung löst aufgrund ihres befürchteten Eintretens Reaktionen aus, sodass diese nicht in Erfüllung geht.

Konkret äußerte sich die Folge dieser selbstzerstörenden Prophezeiung darin, dass viele Menschen aufgrund der großen Wirksamkeit der Maßnahmen zur Eindämmung der COVID-19 Pandemie im Hinblick auf die Ausbreitung bzw. Gefährlichkeit den Eindruck gewonnen haben, dass diese Erkrankung weniger ansteckend bzw. gefährlich als allgemein vermutet sei.

Die Verhaltenskonsequenz dieser kollektiven Fehleinschätzung war bei vielen Menschen ein, nach dem Rückgang der Fallzahlen, leichtfertiger Umgang mit den empfohlenen Präventionsmaßnahmen, sodass die Entstehung einer zweiten Welle begünstigt bzw. beschleunigt wurde.

Zusammengefasst handelt es sich bei dieser folgenreichen, nahezu kollektiven Fehleinschätzung um einen kognitiven Bias (systematische Wahrnehmungsverzerrung), dem vor allem durch angemessene Risikokommunikation und Aufklärung entsprechend begegnet werden sollte.

5.5 Risikofaktoren für psychische Belastungen

Als Risikofaktoren für psychische Belastungen im Allgemeinen gelten laut einer Metastudie, die Daten von 93.569 untersuchten Personen auswertete, weibliches Geschlecht, jüngeres Lebensalter ($\leq$40 Jahre), das Vorliegen chronischer körperlicher oder psychiatrischer Erkrankungen, Arbeitslosigkeit, Studentenstatus und der häufige Konsum von sozialen Medien oder Medienberichten mit Bezug zu COVID-19 (Xiong et al. 2020).

Folgende soziodemografische Faktoren waren zudem verstärkt mit Depressionen bzw. Angstzuständen verbunden: Alleine zu leben, geringeres Bildungsniveau, aber auch höhere Bildung, Studentenstatus, kein Kind zu haben oder mehr als 2 Kinder zu haben (Vindegaard und Benros 2020).

5.6   Risikogruppen

Prinzipiell herrscht starker Konsens welche Personengruppen stärker davon bedroht sind, nachteilige psychische Folgen zu erfahren. Während zu Beginn der Pandemie der Schwerpunkt auf Mitarbeitern im Gesundheitssystem, Menschen mit psychischen Vorerkrankungen, Menschen mit akuten bzw. chronischen Gesundheitsproblemen und ältere Menschen lag, erweiterte sich der Kreis der potenziell Gefährdeten.

Dabei wurden in Folge folgende Personengruppen erkannt: Kinder und Jugendliche sowie Menschen, die aufgrund von arbeitsmäßiger Mehrbelastung (im besonderen Frauen) oder wirtschaftlicher Folgen (Arbeitslose) litten sowie Menschen mit problematischen Substanzkonsumverhalten (vor allem Alkohol) und Menschen mit bestehenden Suchterkrankungen.

5.7   Resilienzfaktoren in der Zeit von COVID-19

Zu den nachgewiesen wirksamen Resilienzfaktoren im Rahmen der COVID-19 Pandemie gehören eine optimistische Grundhaltung, die Inanspruchnahme von sozialer Unterstützung und die Aufrechterhaltung von sozialen Bindungen. Weiters sind dies ein zeitlich begrenzter Medienkonsum und die Entwicklung von Strategien der Entspannung und Zerstreuung.

Dazu zählt das Erleben von freudvollen Momenten, die Fähigkeit lachen zu können und die Verringerung der sozialen Isolation durch Online-Kommunikation. Auf Familienebene wurden Resilienzfaktoren wie Flexibilität, ein guter familiärer Zusammenhalt, die angemessene Kommunikation untereinander sowie ein an die Situation angepasstes Finanzmanagement identifiziert (Chen und Bonanno 2020).

5.8   Resilisienz in der Post-Pandemie Phase

Nimmt man die Erfahrungen vergangener Krisen oder Katastrophen als Leitfaden, so werden laut Erkenntnis der Autoren schätzungsweise 10 % der Menschen schwere psychische Probleme wie Angststörungen, Depression oder posttraumatische Belastungsstörungen (PTBS) infolge der aktuellen Pandemie entwickeln.

Aktuelle Untersuchungen legen nahe, dass viele Menschen während der aktuellen Pandemie ein COVID-19 Stresssyndrom entwickelt haben, das durch Angst vor Infektionen, Angst vor dem Berühren von Oberflächen oder Gegenständen gekennzeichnet ist, die mit dem COVID-19 Virus, kontaminiert sein könnten. Weitere festgestellte Effekte sind COVID-19 bezogenes Sicherheitsverhalten sowie traumatische, COVID-19 bezogene Stresssymptome (z. B. aufdringliche Gedanken und Albträume).

Untersuchungen zur Resilienz legen nahe, dass zwei Drittel der Menschen den Belastungen von COVID-19 standhalten werden. Einige dieser Menschen werden einen neuen Sinn und Zweck in ihrem Leben erfahren, indem sie zum Beispiel anderen während der Pandemie helfen oder neue Wege der Lebensgestaltung beschreiten.

Dennoch gibt es vielen Experten zufolge Grund zur Sorge, dass möglicherweise nicht genügend Ressourcen für die psychische Gesundheit vorhanden sind, um die große Anzahl von Menschen zu unterstützen bzw. zu behandeln, die in Folge der Pandemie darunter psychisch leiden (Taylor und Asmundson 2020).

> **Fazit**
>
> - Die häufigsten nachteiligen psychischen Folgen der COVID-19 Pandemie sind Stress, Angst und Depression.
> - Manche wirksame nicht-pharmazeutische Interventionen (Isolation, Quarantäne) zur Bekämpfung der Pandemie können nachteilige Folgen für die menschliche Psyche haben, die es zu mindern gilt. Aus diesem Grund ist es unabdingbar, dass während aber auch nach der Pandemiephase ausreichend Ressourcen für die psychische Gesundheit der Bevölkerung bereitgestellt werden um den Schaden für Gesellschaft und Wirtschaft gering zu halten.
> - Risikogruppen oder Menschen, die Risikofaktoren aufweisen können nachteilige Folgen durch resilienzfördernde Verhaltensweisen mindern. Diese Tatsache und das notwendige Wissen darüber sollte einer möglichst großen Anzahl von Menschen vermittelt werden. ◄

Gesellschaftliche Aspekte der COVID-19 Pandemie

6

Die Palette der individuellen Palette an individuellen und gesellschaftlichen Reaktionen ist dermaßen breit gestreut, dass im Folgenden nur ausgewählte und bis dato ausreichend erforschte psychosoziale Aspekte der COVID-19 Pandemie ohne Anspruch auf Vollständigkeit (in alphabetischer Reihenfolge) aufgeführt und kurz beschrieben werden. Weitere Aspekte finden Sie auf der Begleitwebseite zum Buch unter www.covid19-psychologie.net.

6.1 Alternativ- und pseudomedizinische Empfehlungen

Alternativ- und pseudomedizinische Empfehlungen zur Vorbeugung, Erkennung oder Behandlung einer COVID-19 Infektion verbreiteten sich seit Ende Januar 2020 sowohl in den klassischen Medien als auch in den sozialen Medien massiv. Dabei konnte beobachtet werden, dass die Beschaffenheit der Empfehlungen stark an die jeweiligen Herausforderungen der Pandemiephase angepasst war und sich mit fortschreitender Dauer in ihrer Anzahl, Vielfalt und Radikalität erhöhte.

Eine der weltweit bekanntesten und als Kettenbrief ab Anfang März 2020 kursierende Empfehlung zur Erkennung einer COVID-19 Erkrankung war der Ratschlag mittels 30-sekündigem Luftanhalten zu überprüfen ob man bereits erkrankt sei. Dies war mit dem Ratschlag verbunden alle 15 min. Wasser zu trinken, um das Virus am Festsetzen an der Schleimhaut zu hindern.

In Folge erweiterte sich die Palette der vermeintlichen Mittel zur Vorbeugung bzw. Behandlung von COVID-19 rasant. Geordnet in der Reihenfolge ihres Auftretens konnten dabei fünf Phasen von pseudomedizinischen Empfehlungen erkannt werden.

Alternativ- und pseudomedizinische Empfehlungen und ihre Entwicklung
Erstens waren dies „bewährte" Naturheilmittel (Knoblauch, Essig, Zwiebel, Ingwer, Bier, Urin von Tieren) sowie der Einsatz von Homöopathika.

Zweitens war es der Einsatz von Nahrungsergänzungsmitteln sowie CBD (Cannabidiol) und UV-Strahlen. Auch der Konsum von Desinfektionsmitteln bzw. Ganzkörpereinreibungen damit wurden in dieser Phase empfohlen.

Drittens grassierte die Empfehlung von (potenziell) schädlichen Substanzen wie kolloidales Silber, Kokain, Ethyl- bzw. Methylalkohol, Wasserstoffperoxid, Chlordioxid und MMS (Lösung aus 28 % Natriumchlorit und 10 % Zitronensäure) sowie das Beatmen mit Knallgas.

Viertens war der empfohlene „Off-Label"-Use von Substanzen wie z. B. Hydroxychloroquin (Malariamittel), Aspirin und Paracetamol zu bemerken.

Fünftens waren dies elektronische Vorrichtungen („Coronavirus-Elektrolysator") sowie Amulette, magische Symbole bzw. spirituelle (Fern-) Heilungen.

Die Gefahren von pseudomedizinischen Ratschlägen sind dabei nicht nur deren Unwirksamkeit, sondern vor allem deren mögliche Schädlichkeit, wobei die Folgen bis hin zum Tod reichen können.

Beispiel für eine pseudomedizinische Empfehlung mit tödlichem Ausgang
Traurige Bekanntheit erreichte im April 2020 eine sich im Iran rasch verbreitende Empfehlung zum Konsum von giftigem Methylalkohol, die nach vorsichtigen Schätzungen mehrere Hunderte Tote zur Folge hatte (Hassanian-Moghaddam et al. 2020).

6.2   Einsamkeit

Der Mensch ist von Natur aus ein soziales Wesen und hat daher ein grundlegendes Bedürfnis nach Zugehörigkeit. Wird dieses Bedürfnis nicht erfüllt, können Empfindungen wie Einsamkeit, empfundene Unerwünschtheit, subjektive Wertlosigkeit oder ein Gefühl von innerer Leere entstehen. Diese haben in Folge Auswirkungen auf das Wohlbefinden beziehungsweise auf eine bestehende psychische Störung.

Die Schwere der Folgen steht in direktem Zusammenhang mit dem Ausmaß der subjektiv empfundenen Einsamkeit und ist von der individuellen Bewertung abhängig (Heinrich & Gullone, 2006). Da Einsamkeit aber prinzipiell ein Hauptrisikofaktor für Angststörungen und Depression darstellt, sollte diese naturgemäß klein gehalten werden (Palgi et al. 2020).

6.3 Gerüchte

Gerüchte sind Formen des sozialen Austauschs. Sie begünstigen den gesellschaftlichen Zusammenhalt, indem sie den Aufbau und die Pflege von Beziehungen, die Vermittlung eines vorteilhaften Eindrucks beim Gegenüber und nicht zuletzt die Einigung auf ein gemeinsames Wissen oder Handeln fördern. (Abb. 6.1.) Im Regelfall sind vermehrte Gerüchte die Reaktion auf uneindeutige und für das Individuum schwer interpretierbare Sachverhalte. Besonders in diesem Kontext können Gerüchte eine sinnstiftende Wirkung entfalten, weil sie Glücksfälle, Unglücksfälle sowie Zufall und Schicksal zufriedenstellend zu erklären versuchen (Fine 2005).

Gerüchte – zwischen nützlich und schädlich
Evolutionspsychologisch betrachtet erfüllen Gerüchte die Rolle von „Überlebenslegenden", die den Einzelnen Orientierung bieten, indem sie Vorbehalte, Vorurteile, Stimmungen, Wünsche, Ängste und Hoffnungen zu kanalisieren versuchen. Gerüchte führen aber auch dazu, dass sie aufgrund ihrer scheinbar hohen Plausibilität von Tatsachen nicht gut abgegrenzt werden können und zu einer Polarisierung von Meinungen und zur Festigung von Vorurteilen führen können, was den gesellschaftlichen Konsens bedroht. Begünstigt wird die rasche Verbreitung einer zunehmend großen Anzahl von Gerüchten in den letzten Jahrzehnten vor allem von digitalen Formen der Kommunikation.

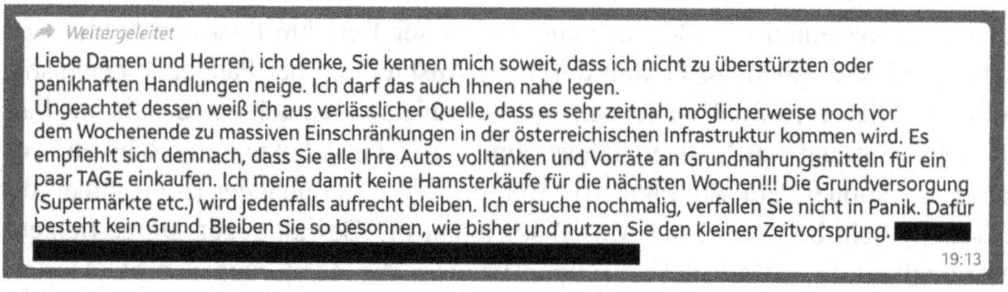

> ⤻ *Weitergeleitet*
> Liebe Damen und Herren, ich denke, Sie kennen mich soweit, dass ich nicht zu überstürzten oder panikhaften Handlungen neige. Ich darf das auch Ihnen nahe legen.
> Ungeachtet dessen weiß ich aus verlässlicher Quelle, dass es sehr zeitnah, möglicherweise noch vor dem Wochenende zu massiven Einschränkungen in der österreichischen Infrastruktur kommen wird. Es empfiehlt sich demnach, dass Sie alle Ihre Autos volltanken und Vorräte an Grundnahrungsmitteln für ein paar TAGE einkaufen. Ich meine damit keine Hamsterkäufe für die nächsten Wochen!!! Die Grundversorgung (Supermärkte etc.) wird jedenfalls aufrecht bleiben. Ich ersuche nochmalig, verfallen Sie nicht in Panik. Dafür besteht kein Grund. Bleiben Sie so besonnen, wie bisher und nutzen Sie den kleinen Zeitvorsprung. ▮
> 19:13

Abb. 6.1 Kettenbrief mit Warnung, der 3 Tage vor dem „Lockdown" in Österreich kursierte (aus dem Archiv des Autors)

Auch im Rahmen von COVID-19 befeuerten Gerüchte und Spekulationen den öffentlichen und medialen Diskurs und widmeten sich der Entstehung, den sozialen und gesundheitlichen Folgen sowie der Vorbeugung und der Heilung der Erkrankung, von denen sich einer Studie zufolge etwa 80 % als nicht zutreffend bzw. unwahr herausstellten. Im Vergleich zu anderen Pandemien erwiesen sich vor allem Gerüchte über vermeintliche Gewaltfolgen der Pandemie als auffällig hoch (Islam et al. 2020).

6.4 Gesellschaft und Populärkultur

Der Duden, das deutschsprachige Rechtschreibwörterbuch, erfüllt durch die Aufnahme und Streichung von Begriffen eine zeitgeschichtliche Rolle. So wurde im August 2020 bekannt, dass nunmehr mehrere COVID-19 bezogene Begriffe wie „Atemschutzmaske", „COVID-19", „Facharzttermin", „Geisterspiel", „Herdenimmunität", „Lockdown", „Reproduktionszahl" und „social distancing" bereits Eingang in die 28. Ausgabe des Duden gefunden haben.

Ab Ende März 2020 häuften sich in den sozialen Medien populärkulturelle Referenzen, die sich der vermeintlichen Vorhersage von COVID-19 widmeten. Allen voran wurde dabei der Roman „Die Augen der Dunkelheit" des US-Autors Dean Koontz aus dem Jahr 1981 sowie eine Zusammenstellung von Szenen aus der TV-Serie „Die Simpsons" weltweit ausgiebig diskutiert, was letztlich vor allem verschwörungstheoretische Ansichten förderte.

6.5 Gewaltausübung

6.5.1 Gewalt im öffentlichen Raum

Die nicht systematische Beobachtung weltweiter Berichte lässt den Schluss zu, dass gewisse Formen der Gewalt durch die Ausbreitung der Pandemie begünstigt werden. Dieser Befund ist jedoch als vorläufig zu betrachten, da die mediale Berichterstattung auch den Schwerpunkt auf Gewaltakte im Rahmen von Demonstrationen, auf Konflikte von BürgerInnen untereinander (im Rahmen der Maskenpflicht bzw. des Lockdowns) sowie auf die Gewalt gegen Dinge richtete. Darunter fällt zum Beispiel in einigen Ländern die Zerstörung von 5G-Masten, die von manchen Menschen als Auslöser der Pandemie gesehen wurden.

6.5.2 Familiäre und sexualisierte Gewalt

Seit dem Inkrafttreten der Maßnahmen zu sozialer Distanzierung und angeordneter Massenquarantäne („Lockdown") berichteten mehrere Studien übereinstimmend von einer stark ansteigenden Zahl von Anrufen bei Hilfe-Hotlines. Obwohl aktuell keine verlässlichen Zahlen verfügbar sind, besteht die Befürchtung, dass sich die berichtete erhöhte Zahl der Anrufe bei Hilfe-Hotlines auch in einer erhöhten Zahl von Delikten häuslicher Gewalt und des Missbrauchs wiederspiegelt (Hiscott et al. 2020). Erste Berichte von Behörden in den deutschsprachigen Ländern lassen derzeit nur eine leichte Steigerung bzw. sogar anfängliche Verringerung von Delikten dieser Art erkennen.

Aus den Erfahrungen mit vergangenen Pandemien äußern offizielle Stellen und Initiativen die Sorge, dass die Anzahl der Fälle von (sexuellem) Missbrauch sowie die Verbreitung von Kinderpornografie im Steigen begriffen sein könnte und mahnen diesbezüglich zur Wachsamkeit.

6.6 Kriminalität

In der Zusammenschau von offiziellen Meldungen und der Berichterstattung zur Kriminalität ist in deutschsprachigen Ländern folgendes zu erkennen: Delikte, die mit der physischen Nähe (Taschendiebstähle) beziehungsweise Abwesenheit von Menschen (Einbruch) zu tun haben, sind im Abnehmen begriffen. In Bezug auf Morddelikte sind die Berichte unauffällig.

„Virtuelle" Delikte, also Straftaten im Bereich der Cyberkriminalität und der Wirtschaftskriminalität sind stark im Steigen begriffen, wobei offizielle Stellen betonen, dass kriminelle Personen und Organisationen rasch auf die veränderten Umstände reagiert haben. Des Weiteren tritt wie auch bei vergangenen Pandemien der Effekt ein, dass die Not und Verunsicherung von Menschen für kriminelle Machenschaften missbraucht wird.

Die kriminellen Aktivitäten im Bereich Cybercrime lassen sich in vier Bereiche unterteilen:

Formen der Cyberkriminalität während der COVID-19 Pandemie
- Online-Erpressung in Form von Erpressungsmails oder mittels Schadsoftware.
- Online-Betrug mit pharmazeutischen Produkten, vorgeblichen Heilmitteln, persönlicher Schutzausrüstung bzw. Desinfektionsmitteln in

Form von Produktpiraterie, Fälschungen oder Scheinangeboten. Dazu können auch betrügerische Anrufe von vermeintlich in Not geratenen Angehörigen bei älteren Menschen gezählt werden.
- Kreditangebote mit Schädigungsabsicht, vor allem für Unternehmen.
- Organisierte Online-Kriminalität, bei der Geldwäsche im Vordergrund steht.

International sind sich Kriminalbehörden einig, dass sich der Schwerpunkt vom Hellfeld (aktenkundige Straftaten) zunehmend ins Dunkelfeld verschiebt, was eine zahlenmäßige Abschätzung der Taten und die Ahndung der Delikte erschwert.

6.7 Mediale Berichterstattung

Eine Untersuchung der Beschaffenheit der Schlagzeilen von 25 renommierten englischsprachigen, weltweiten Medien im Zeitraum von Jänner bis Juni 2020 ergab, dass der überwiegende Teil aller Nachrichten eine negative emotionale Färbung aufwies. Im Konkreten waren 52 % aller Schlagzeilen so beschaffen, dass sie negative Gefühle auslösten, während 30 % positive Gefühle hervorriefen und 18 % neutral waren.

Als vorherrschende Gefühle in den Schlagzeilen wurden in absteigender Häufigkeit Angst, Vertrauen, Vorfreude, Traurigkeit und Wut identifiziert. Weiters kam die Untersuchung zu dem Ergebnis, dass sich der Anteil der emotional negativ gefärbten Inhalte in der Berichterstattung mit Fortdauer der Pandemie kontinuierlich erhöhte.

Die Studienautoren befürchten zudem, dass das medial generierte Stimmungsbild auch negative Auswirkungen auf das Wohlbefinden der Menschen und auf die Stimmung in der Wirtschaft haben könnte (Aslam et al. 2020).

6.8 Panikkäufe

Im Nachhinein meist als unbegründet und übertrieben bezeichnet, treten Panikkäufe und andere Maßnahmen der Übervorsorge in Krisenzeiten vermehrt auf. Der Grund dafür liegt einerseits in der Angst vor einer Knappheit und andererseits in einem gefühlten Kontrollverlust, zu dem sich die Beobachtung des Verhaltens anderer Menschen gesellt, was die Spirale von Panikkäufen befeuert.

Selbst bei guter Versorgungslage können Panikkäufe kurzfristig zu negativen Auswirkungen bei der Verfügbarkeit führen und in Folge tatsächlich eine kurzfristige Knappheit bewirken (Arafat et al. 2020). Auch bei nicht an den Panikkäufen beteiligten Personen kann die mediale Berichterstattung und eine möglicherweise auftretende Knappheit die Wahrnehmung einer nunmehr eingetretenen Krise begünstigen.

6.9   Paranoide Gedanken

Aktuelleren Untersuchungen zufolge treten bei einem Drittel der Allgemeinpopulation regelmäßig paranoide Gedanken auf. Ein höheres Ausmaß an paranoiden Gedanken konnte vor allem bei Menschen verzeichnet werden, deren Bewältigungsstil entweder emotional, weniger rational, vermeidend und wenig problemdistanziert beschrieben werden kann. Des Weiteren wiesen Personen mit Gedanken dieser eine negative Einstellung gegenüber einem offenen Gefühlsausdruck und fügsamem Verhalten bei einem gleichzeitig niedrigeren sozioökonomischen Status auf (Freeman et al. 2005).

Die Anfälligkeit für paranoide Gedanken korreliert in hohem Maße mit dem Glauben an Verschwörungstheorien, sodass diese in Zeiten verstärkter Belastung bei mehr Menschen als sonst auf fruchtbaren Grund fallen. Unterstrichen wird dies durch eine aktuelle Untersuchung im Rahmen der Pandemie, die zu dem Schluss kommt, dass die Unverträglichkeit von Unsicherheit in Kombination mit paranoiden Gedanken die Entwicklung von Verschwörungsdenken begünstigt (Larsen et al. 2020).

6.10   Reaktionen auf Maßnahmen zur Eindämmung von COVID-19

6.10.1 Bereitschaft zur Befolgung von Maßnahmen

Was die Bereitschaft zur freiwilligen Selbstisolation betrifft, zeigen sich Menschen mit höherer Gesundheitsangst bereitwilliger, den Empfehlungen und Anordnungen von öffentlichen Stellen Folge zu leisten (Asmundson et al. 2020).

6.10.2 Kritik, Unzufriedenheit und Widerstand gegenüber Maßnahmen

Aus der Beobachtung der Medien kann geschlossen werden, dass staatlicher Maßnahmen zur Eindämmung von COVID-19 zu Beginn der Pandemie von einer großen Anzahl von Menschen mitgetragen wurden. In weiterer Folge verstärkte sich die Kritik, die Unzufriedenheit und fand unter anderem in Form von Protesten und Demonstrationen ihren Ausdruck.

Seit Ende März 2020 fanden in westlichen Ländern erste Proteste und Demonstrationen statt, die sich gegen staatliche Maßnahmen zur Eindämmung von COVID-19 („Lockdown", „Maskenpflicht", …) richteten. Eine Kurzanalyse des Autors mit Google Trends ergab, dass die zwei vorläufigen Höhepunkte dieser Ereignisse Mitte April und Ende August 2020 zu bemerken waren.

Mit Stand Oktober 2020 sind zwei Trends bemerkbar: Erstens, dass sich die Inhalte des Protests von Gesundheitsthemen entfernten und die die Inhalte vielfältiger wurden. Zweitens, dass die Zusammensetzung der Teilnehmer heterogener wurde und Proponenten verschiedenster, sich teils inhaltlich widersprechender weltanschaulicher und politischer Gruppierungen umfasst.

6.11 Schuldzuweisungen

Krisensituationen haben seit jeher Vorurteile und Feindseligkeit gefördert, die auch in konkrete Schuldzuweisungen münden können. Der Hintergrund dafür ist, dass das Auftreten von subjektiv ungenügend erklärbaren Phänomenen (Krankheit, Katastrophen, …) im Sinne der Bewältigung mit sozialer Bedeutung beladen wird. Die daraus erwachsenden Erklärungen von Schuld und Verantwortung für das Auftreten dieses Phänomens spiegeln aktuelle soziale Stereotypen, Ängste und Vorurteile wider und können als gesellschaftliche Reaktionen der Abwehr verstanden werden.

Die Definition von Krankheitsursachen zum Beispiel bietet auf diese Weise Gelegenheit, bestehende gesellschaftliche Normen oder Verhältnisse zu schützen, indem Grenzen „normalen" Verhaltens definiert werden, die bedroht zu sein scheinen. Durch diese Schuldzuweisungen versuchen die Menschen Ordnung zu schaffen und die Kontrolle über wahrgenommene Bedrohungen wiederherzustellen oder bestehende soziale Strukturen zu erhalten (Nelkin und Gilman 1988).

Das Phänomen von Schuldzuweisungen kann mittlerweile als ein globales bezeichnet werden, da Schuldzuweisungen im Rahmen der COVID-19 Pandemie, besonders in den sozialen Medien, weltweit verbreitet und im Ansteigen begriffen sind. Die Palette der Zuschreibungen reicht dabei von Minderheiten über Regierungen, Politiker, Institutionen und NGOs bis hin zu prominenten Persönlichkeiten.

6.12 Soziale Unterstützung und Zusammenhalt

Soziale Unterstützung, also die hilfreiche Interaktion mit anderen Menschen zur Bewältigung eines Problems kann in Form von Anerkennung, Zuwendung, Trost und Ermutigung, aber auch in Form von praktischer Hilfe oder Informationsvermittlung stattfinden.

Ausgehend von Le Bons einflussreichem Werk „Psychologie der Massen" (1895), das menschliches Handeln in Krisensituationen als impulsiv, irrational und asozial beschrieb, zeigen neuere Befunde das Gegenteil auf. Aktuelle empirische Studien berichten im Kontext von Epidemien und Pandemien im Gegensatz dazu von nur geringer kollektiver Panik, aber auch vom Zusammenhalt und sozialem Verhalten während einer solchen Krise.

Es kann gesagt werden, dass sowohl individuelle als auch gesellschaftlicher Reaktionen auf Bedrohungen vorrangig von verbindender Natur sind. Weil das Vorhandensein einer gemeinsamen äußeren Bedrohung wie einer Pandemie die sozialen Bindungen stärkt, scheint die heutige Gesellschaft von Zusammenbruch der Strukturen laut Forschung weit entfernt zu sein (Dezecache 2015). Die Vielzahl der spontanen Bekundungen des Zusammenhalts sowie die große Zahl von Initiativen und der Einsatz von Freiwilligen in allen Ländern zeugen im Kontext der COVID-19 Pandemie davon auf vielfältige Weise.

6.13 Stigmatisierung

Eine bestehende Unsicherheit und Angst führen nicht nur in Pandemiezeiten zu einem Effekt, der soziale Stigmatisierung genannt wird und als Kennzeichnung der sozialen Unerwünschtheit aufgrund einer bestimmten Eigenschaft bezeichnet werden kann. Im Kontext der Pandemie ist dies die Eigenschaft als möglicher Infektionsträger und betrifft Personen oder Gruppen, die entweder an COVID-19 erkrankt sind, gefährdet sind daran zu erkranken oder verdächtigt werden daran erkrankt zu sein.

In Folge dieses Effekts werden diese gemieden, ungerecht behandelt, oder in extremen Ausnahmefällen angegriffen. Der Effekt der Stigmatisierung wird sowohl bei ansteckenden als auch anderen Krankheiten seit Anbeginn der Medizingeschichte beobachtet und beschrieben.

Im Zuge der der COVID-19 Pandemie wurden sowohl ethnische Gruppen (Menschen aus dem asiatischen Raum, aber auch andere), ältere Menschen sowie Verdachtsfälle, Genesene, Flüchtlinge, junge Menschen sowie Menschen mit psychischer oder körperlicher Erkrankung Opfer von Stigmatisierung. Nicht zuletzt sollen Menschen in Gesundheitsberufen erwähnt werden, zumal diese in der Kombination von starkem beruflichem Stress und einer sozialen Stigmatisierung einer massiven Belastung ausgesetzt sind.

Neben dem psychischen Leid, das bei von Stigmatisierung betroffenen Personen auftritt, kann auch der Effekt entstehen, dass diese Menschen eine Abklärung ihrer Beschwerden bzw. eine Behandlung verspätet oder gar nicht in Angriff nehmen und damit ein erhöhtes Ablebensrisiko haben und zu einer rascheren Krankheitsausbreitung beitragen.

6.14   Suizidversuche und Suizid

Aus der Zeit der SARS-Epidemie (2003) und der Spanischen Grippe (1918–1919) existieren Befunde, dass es einen Zusammenhang zwischen einer erhöhten Rate an versuchten und vollzogenen Selbstmorden und einer Epidemie bzw. Pandemie gibt. Die Autoren dieser Untersuchung machen dafür vor allem den mangelhaften sozialen Zusammenhalt sowie eine langanhaltende Angst als Auslöser dafür verantwortlich (Sher 2020).

Eine weitere Studie von April 2020 listet eine Reihe von Risikofaktoren für das Suizidrisiko in Zusammenhang mit COVID-19 auf. Diese sind neben einer bestehenden psychischen Störung finanzielle Stressoren, häusliche Gewalt, Alkoholkonsum, Einsamkeit, Trauer, der beschränkte Zugang zu Lebensmitteln und eine unverantwortliche Berichterstattung der Medien (Gunnell et al. 2020).

Eine Studie, die sich der Ermittlung von suizidrelevanten Suchanfragen auf Google in den USA gewidmet hat, kommt zu dem Schluss, dass das Risiko für Suizid kurzfristig eher geringer sei, sich aber langfristig erhöhen könnte (Halford et al. 2020).

Prinzipiell verweist ein Großteil der Autoren zu diesem Thema wie auch die WHO ausdrücklich darauf, dass die Prävention von Suizid in Pandemiezeiten ein vordringliches gesellschaftliches Ziel sein sollte und betont in diesem Zusammenhang die wichtige Rolle von Hilfe-Hotlines und Hausärzten (Früherkennung).

6.15 Verschwörungstheorien

Aufgrund der kontroversen Natur von Verschwörungstheorien und der zunehmenden Unversöhnlichkeit mit der sich Vertreter und Kritiker gegenüberstehen, besteht zunehmend die Gefahr der Verunmöglichung eines konstruktiven Diskurses, der meist schon bei der Definition des Begriffs beginnt.

Eine gebräuchliche Definition lautet, dass eine Verschwörungstheorie durch den Glauben gekennzeichnet ist, dass sich eine Gruppe von Akteuren im Geheimen zusammenschließt, um ein verborgenes Ziel zu erreichen, das als rechtswidrig oder böswillig empfunden wird (Butter 2020, S. 96).

Verschwörungsdenken als Ausdruck subjektiver Benachteiligung
Aus sozialpsychologischer Sicht erscheint erwähnenswert, dass bei einer zunehmenden Anzahl von Menschen ein Bedarf nach geschlossenen und gut erklärbaren Erzählungen herrscht, der sich in vielen Fällen in verschwörungstheoretischem Denken äußert.

Dieser Denkstil geht bei genauerer Betrachtung häufig mit der subjektiven Empfindung von Entfremdung, Machtlosigkeit, Feindseligkeit und Benachteiligung einher. Aus diesem Grund sollte aus humanistischer Sicht das gesellschaftliche Ziel des Entgegenkommens in der Schaffung von gedeihlichen gesellschaftlichen und wirtschaftlichen Rahmenbedingungen liegen. Dies hat zur Folge, dass wieder mehr Menschen ein Gefühl von Akzeptanz, Wirksamkeit und Zusammenhalt empfinden können.

Eine Geringschätzung bzw. Verächtlichmachung kann nämlich darüber hinaus dazu führen, dass manche Menschen nicht nur ihre Weltsicht, sondern ihre Person als geringgeschätzt oder gar bedroht ansehen.

Eine im April 2020 durchgeführte Untersuchung von weltweit kursierenden Verschwörungstheorien zur COVID-19 Pandemie ergab in der Zusammenschau vier Erzählstränge, die wie folgt beschrieben können (Shahsavari et al. 2020):

Weltweit kursierende Verschwörungstheorien zur COVID-19 Pandemie
- Das Auftreten des Virus in Zusammenhang mit der 5G-Technologie, wobei dies sowohl die chinesische Herkunft als auch eine Verbindung zum Telekommunikationsunternehmen Huawei erklären soll.
- Das unbeabsichtigte Entkommen oder die absichtliche Freisetzung des Virus aus einem chinesischen Labor bzw. aus einem Labor für Biowaffen in Zusammenhang mit einer Nutzung des Virus als biologische Waffe.

- Die Inszenierung der Pandemie als Folge einer globalen Verschwörung mit vielfältigen versteckten Zielen, obwohl das Virus nicht gefährlicher als eine leichte Grippe oder Erkältung sei.
- Die Nutzung des Auftretens bzw. die Begünstigung des Auftretens des Virus als verdeckte Operation, die von Bill Gates unterstützt werde, mit dem Ziel der Errichtung eines globalen Regimes zur Überwachung und Kontrolle von Menschen durch Impfstoffe, die einen Mikrochip enthalten sollen.

Aus Sicht der Studienautoren scheinen sich diese Verschwörungstheorien in Folge auch miteinander verbinden und schließlich eine einzige große Erklärung bilden, die alle diese Akteure umfasst.

Nicht nur hier ist zu erkennen, dass die erzählerische Absicht von Verschwörungstheorien darin liegt, die Ablehnung durch eine kleine, übermächtige Außengruppe aufzuzeigen, um letztlich den Zusammenhalt der Innengruppe nach dem Motto „Die oder wir" zu erhöhen. Eine der großen Gefahren ist, dass solche Erzählungen vorrangig zwei Optionen begünstigen, wobei die eine der Rückzug in die Hilflosigkeit und die andere die Verhinderung des vermeintlichen Übels – mit allen negativen Folgen für die Gesellschaft – darstellt.

Wie nahezu alle anderen Verschwörungstheorien entziehen sich diese ebenso jeglicher rationalen und argumentativen Behandlung und stellen die Menschen vor die Entscheidung, diese zu glauben bzw. nicht zu glauben.

6.16   Verunsicherung

Systemtheoretisch betrachtet kann festgestellt werden, dass das gesellschaftliche Gefüge ein hochkomplexes System ist. Komplex bedeutet in diesem Zusammenhang, dass sowohl die Anzahl der verfügbaren Informationen als auch der Entscheidungs- und Handlungsmöglichkeiten in den letzten Jahrhunderten massiv angestiegen ist. Aus diesem Grund sind Menschen zunehmend gefordert, aus der Fülle der sich bietenden Möglichkeiten eine konkrete Wahl zu treffen.

Das daraus erwachsende Paradoxon ist, dass mit der entstandenen Freiheit eine ebenso große Unsicherheit einhergeht. Diese Unsicherheit verstärkt sich in Zeiten der Krise durch die große Anzahl neu verfügbarer Informationen und Möglichkeiten zusätzlich.

Da Menschen aus evolutiver Sicht prinzipiell und in Zeiten der Belastung besonders zur Unsicherheitsreduktion tendieren, wird das subjektive Gefühl von Kontrolle und Wirksamkeit geringer, was eine verstärkte Angst begünstigt.

6.17 Wahrgenommener gesellschaftlicher Konsens

Eine im August 2020 erschienene Studie des Pew Research Center mit mehr als 14.000 untersuchten Personen in 14 Ländern (darunter die USA, Kanada, Frankreich, Spanien, Italien und Deutschland) kommt zu dem Ergebnis, dass im Schnitt 73 % (in Deutschland: 88 %) der Befragten äußerten, dass die Bewältigung der COVID-19 Pandemie gut gelungen sei.

Die Pandemie hat sich jedoch in vielen der untersuchten Länder spaltend auf das Gefühl der gesellschaftlichen Einheit ausgewirkt: Ein Median von 46 % empfindet heute mehr Einheit als vor dem Ausbruch der Pandemie, während 48 % der Meinung sind, dass die gesellschaftliche Spaltung zugenommen hat. Dieser Befund schließt 77 % der US-Amerikaner ein, die sagen, dass sie stärker gespalten sind als vor der Pandemie, während nur 18 % glauben, dass sich das Land einiger ist.

6.18 Wahrgenommene Veränderung der Lebensumstände

Eine Studie des Pew Research Center von August 2020 berichtet, dass weltweit ein Median von 58 % angibt, dass sich ihr Leben aufgrund von COVID-19 erheblich oder stark verändert hat. Insbesondere Frauen haben angegeben, die Veränderungen durch die Pandemie besonders stark wahrgenommen zu haben.

6.19 Xenophobie und Rassismus

Xenophobie und Rassismus treten bei Pandemien seit jeher im verstärkten Ausmaß auf und äußern sich in Misstrauen bzw. der Meidung und Beschuldigung anders wahrgenommener Menschen. Mehrmals haben diese Phänomene schon ein exorbitantes Ausmaß angenommen, das in der Verfolgung und Ermordung von Menschen gipfelte. Nicht nur, aber vornehmlich in der Zeit der Pest im Mittelalter, wurden Krankheitsausbrüche zum Anlass für die Verfolgung von Juden beziehungsweise später auch anderer Gruppen von Menschen.

Waren es zu Beginn der COVID-19 Pandemie Menschen aus dem asiatischen Kulturraum (mediale Benennung des SARS-CoV-2-Virus als „China-Virus", „Wuhan-Virus"), die Xenophobie und Rassismus erfahren haben, so verlagerte sich der Schwerpunkt mit der weltweiten Ausbreitung der Erkrankungsfälle auf People of Color (PoC) bzw. indigene Menschen in US-Amerika und später auf ethnische Minderheiten in weiteren Ländern.

Mit Stand August 2020 listet die Online-Enzyklopädie Wikipedia rassistische Vorfälle im Kontext von COVID-19 in 46 Ländern auf allen Kontinenten auf. Mit fortschreitender Pandemiedauer entwickelten sich zudem von der Region der Verbreitung unabhängige Formen der Diskriminierung, Diffamierung bzw. Bedrohung von Menschengruppen, die auf Menschen jüdischen oder islamischen Glaubens sowie Homo- und Transsexuelle Menschen, aber auch religiöse Minderheiten, abzielten.

Fazit

- Während der COVID-19 Pandemie tritt ein breites Spektrum an Erlebens- und Verhaltensweisen auf, die prinzipiell als das Ergebnis menschlicher Bewältigungsbemühungen gesehen werden können.
- In diesem Spektrum sind individuell und gesellschaftlich sowohl zuträgliche als auch teilweise massiv abträgliche Effekte zu bemerken.
- Im Vergleich zu vorherigen Pandemien ist vor allem die Rolle der (sozialen) Medien und der sich rasch verbreitenden Angst, sowie das verstärkte Auftreten von Verschwörungstheorien, aber auch der stärkere Zusammenhalt auffällig. ◄

„Schädliche Informationen" – Ursachen und Folgen einer Infodemie

7

"We're not just fighting an epidemic; we're fighting an infodemic" WHO Generaldirektor Dr. Tedros Adhanom Ghebreyesus (2020)

Der Begriff Infodemie, eine Wortkreuzung der Begriffe Information und Epidemiologie, wurde im Jahr 2000 von Gunter Eysenbach, einem deutschen Gesundheitswissenschaftler, geprägt. In seiner Publikation „Infodemiology: the epidemiology of (mis)information" führte dieser aus, „dass ein Großteil der Gesundheitsinformationen im Internet als nicht mit Informationen aus evidenzbasierten Quellen übereinstimmend beschrieben werden kann." und schlug deshalb Kriterien zur Überprüfung der Evidenzbasiertheit von medizinischen Information vor (Eysenbach 2002).

Die Weltgesundheitsorganisation stuft die möglichen Auswirkungen einer Infodemie als kritisch ein und definiert diese nunmehr wie folgt.

▶ **Wie eine Infodemie definiert wird** Eine Infodemie ist das auftretende Überangebot sowohl an korrekten als auch irreführenden Gesundheitsinformationen, wodurch es Menschen erschwert wird, glaubwürdige Quellen und zuverlässige Informationen bzw. Ratschläge zu finden.

© Der/die Autor(en), exklusiv lizenziert durch Springer Fachmedien Wiesbaden GmbH, ein Teil von Springer Nature 2020
J. Haas, *COVID-19 und Psychologie,* essentials,
https://doi.org/10.1007/978-3-658-32031-7_7

7.1   Was eine Infodemie begünstigt und warum sie gefährlich ist

Eine im Jahr 2018 erschienene Publikation der RAND Corporation beklagte die sich stetig verringernde Rolle von Faktenwissen in der amerikanischen Öffentlichkeit. Diese Entwicklung wird mit dem Auftreten von vier untereinander verwandten Trends untermauert (Kavanagh und Rich 2018):

4 Haupttrends, die eine Infodemie begünstigen
1. Zunehmende Meinungsverschiedenheiten in Bezug auf Fakten und Daten und der Interpretation von Fakten und Daten.
2. Eine Verwischung der Grenze zwischen Meinungen und Fakten.
3. Eine Zunahme des Einflusses von Meinungen und persönlicher Erfahrung auf Fakten.
4. Ein abnehmendes Vertrauen in vormals angesehene Quellen sachlicher Informationen.

Die Autoren der Publikation "Truth decay: an initial exploration of the diminishing role of facts and analysis in american public life" schildern darin die Treiber, Vermittler und Konsequenzen und deren Zusammenhang wie folgt und illustrieren dadurch gesellschaftliche Zusammenhänge, deren Effekte auch im Rahmen der COVID-19 Pandemie erkennbar wurden. (Abb. 7.1.)

Wenn man davon ausgeht, dass die inhaltliche Beschaffenheit von Suchabfragen und die Häufigkeit des Vorkommens von Suchbegriffen gesellschaftlich relevante Interessenslagen widerspiegelt, erscheint es laut dem Urteil dieser und anderer Autoren notwendig, eine Infodemie zu beobachten und zu moderieren (Kavanagh und Rich 2018).

Beispiel für konkrete Auswirkungen einer Infodemie So ermittelte zum Beispiel eine Studie, die sich den weltweiten Google-Abfragen und Instagram-Hashtags in der Zeit von Ende Februar bis Anfang Mai 2020 widmete, folgende Begriffe als die im Kontext mit COVID-19 am häufigsten erwähnten: Ozon, Labor, 5G, Verschwörung, Bill Gates, Milch, Militär und UV (Rovetta und Bhagavathula 2020).

In Bezug auf die gesamtgesellschaftliche Relevanz einer Infodemie führt die WHO aus, dass diese gravierende gesundheitliche Auswirkungen haben kann,

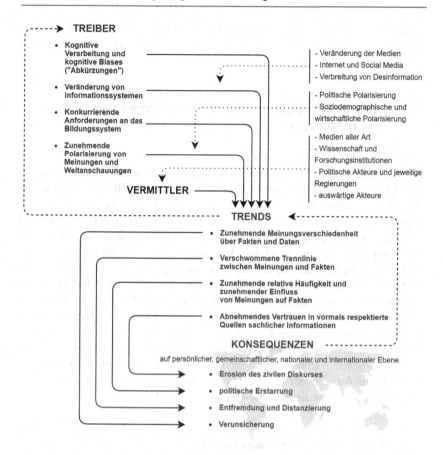

Abb. 7.1 Wahrheitszerfall („truth decay") – Treiber, Vermittler, Trends und Konsequenzen in der Darstellung der RAND-Corporation (Übersetzung des Autors)

weil es vielen Menschen erschwert wird, präzise, evidenzbasierte Informationen und Empfehlungen zur eigenen Gesundheit ausfindig zu machen. In weiterer Folge ebnet dies sowohl körperlichen und psychischen Erkrankungen den Weg.

Zudem kann eine Infodemie Menschen veranlassen, irreführenden oder gefährlichen Ratschlägen Glauben zu schenken. Nicht zuletzt kann aber auch ein allgemeines Desinteresse oder die Ablehnung von gesundheitsbezogenen Inhalten im Allgemeinen die Folge sein.

Explizit warnt die Weltgesundheitsorganisation auch davor, dass bestimmte Inhalte darüber hinaus Xenophobie, Hass und Ausgrenzung Vorschub leisten können.

7.2   Infodemiologie – wie einer Infodemie begegnet werden kann

Im Laufe der letzten Jahre wurde die gesellschaftliche Relevanz einer Infodemie immer vordringlicher, sodass sich die Weltgesundheitsorganisation im Rahmen der COVID-19 Pandemie dazu entschloss, die 1. WHO Infodemiologie-Konferenz einzuberufen. Im Rahmen der von 30. Juni bis 16. Juli 2020 abgehaltenen Veranstaltung zeigte sich die WHO über die aktuelle Entwicklung besorgt, schlug konkrete Maßnahmen der Entgegnung vor und beschrieb die kurzfristig neu belebte Disziplin der nunmehrigen Infodemiologie als die „Wissenschaft zur Eindämmung einer Infodemie".

Die Weltgesundheitsorganisation zeigt sich bewusst, dass eine Infodemie nicht verhindert, aber durchaus moderiert werden kann. Um auf eine Infodemie effektiv reagieren zu können, fordert sie evidenzbasierte Maßnahmen unter Beteiligung aller relevanten Forschungsdisziplinen, um Fehlinformationen und Desinformation rascher zu erkennen.

Der deutsche Infodemiologie-Pionier Eysenbach schlägt dazu folgende Maßnahmen vor, die ein besseres Management von Infodemien ermöglichen sollen und bezeichnet diese als die 4 Säulen des Infodemiemanagements.

Die 4 Säulen des Infodemiemanagements
- Informationsbeobachtung (Infoveillance)
- Aufbau von Kapazitäten für digitale Gesundheitskompetenz und naturwissenschaftliche Kompetenz
- Förderung von Prozessen zur Wissensverfeinerung (Prozess der Bewertung, Analyse und Optimierung von Wissen) und zur Qualitätsverbesserung wie Faktenprüfung und Peer-Review.
- Genaue und zeitnahe Wissensübersetzung (Herstellung eines Praxisbezugs), wodurch Verzerrungen wie politische oder kommerzielle Einflüsse minimiert werden.

Fazit

- Ungenaue, falsche oder irreführende Gesundheitsinformationen haben in den beiden letzten Jahrzehnten stark und in der Zeit der COVID-19 Pandemie explosionsartig zugenommen (Infodemie).
- Das Überangebot und die mangelnde Verlässlichkeit von Gesundheitsinformationen birgt massive Gefahren für die menschliche Gesundheit und kann auch Verhaltensweisen Vorschub leisten, die zu einer nachteiligen Behandlung von Mitmenschen führen.
- Aus diesen Gründen will die Weltgesundheitsorganisation das Bewusstsein der Öffentlichkeit dafür schärfen und bemüht sich Maßnahmen im Kampf gegen eine Infodemie zu setzen (Infodemiologie). ◄

Gelingende Bewältigung der COVID-19 Pandemie aus psychologischer Sicht

8

Im Rahmen der COVID-19 Pandemie publizierte die WHO einen Ratgeber für Erwachsene und einen Ratgeber für Kinder unter Titel „How to cope with stress during COVID-19". Beide Ratgeber widmen sich der psychischen Bewältigung und enthalten evidenzbasierte Ratschläge für die Allgemeinbevölkerung in verständlicher Sprache (World Health Organisation, 2020).

Da diese Ratgeber bisher nur in Englisch veröffentlicht wurden, sollen sie hier in der Übersetzung des Autors erstmals in deutscher Sprache veröffentlicht werden.

8.1 Der WHO-Ratgeber für Erwachsene

Dieser Ratgeber erschien im März 2020 und legte den Schwerpunkt auf die Minderung der Effekte von Isolation und Quarantäne und betont den Aspekt der gegenseitigen Unterstützung ebenso wie die Achtsamkeit gegenüber dem Körper und der Psyche. (Abb. 8.1.)

8.2 Der WHO-Ratgeber für Kinder und Jugendliche

Der Ratgeber für Kinder und Jugendliche, der ebenfalls im März 2020 erschien, zielt darauf ab, den erlebten Veränderungen der Lebenswelt mit vermehrter Zuwendung, der Aufrechterhaltung von Routinen und altersangepasster Information zu begegnen. (Abb. 8.2.)

Es ist normal, sich in einer Krisensituation angespannt, traurig, verwirrt, verängstigt oder zornig zu fühlen. In einer solchen Situation hilft es Ihnen, wenn Sie mit Menschen sprechen, denen Sie vertrauen. Bleiben Sie deshalb mit Ihren Freunden und Familienmitgliedern in Kontakt.

Wenn Sie zu Hause bleiben müssen, dann pflegen Sie einen gesundheitsfördernden Lebensstil - dieser umfasst eine richtige Ernährung, ausreichend Schlaf, Bewegung und soziale Kontakte mit Familienmitgliedern, Freunden und Nachbarn per Telefon oder online.

Nikotin, Alkohol oder andere Drogen eignen sich nicht um Ihre Gefühlslage zu verbessern. Wenn Sie sich überfordert fühlen, nehmen Sie Kontakt mit einem Psychologen, Therapeuten oder Psychiater auf. Erkundigen Sie sich schon jetzt, wohin Sie sich wenden können, wenn Sie im Bedarfsfall professionelle Hilfe für Ihre körperliche und psychische Gesundheit benötigen.

Ziehen Sie nur glaubwürdige Quellen heran, um die aktuelle Situation einzuschätzen. Das sind zum Beispiel die Online-Angebote der Weltgesundheitsorganisation oder staatlicher Institutionen. Anhand vertrauenswürdiger Informationen können Sie Ihr Risiko genauer einschätzen und angemessene Vorsichtsmaßnahmen treffen.

Begrenzen Sie das Ausmaß Ihrer Unruhe und Sorgen, indem Sie die Zeit verringern, die Sie damit verbringen, belastende Medieninhalte zu konsumieren.

Nutzen Sie Ihre bewährten Fähigkeiten, die Sie auch schon früher erfolgreich eingesetzt haben, um mit auftauchenden Widrigkeiten umzugehen. Setzen Sie diese auch ein, um Ihre Gefühle in dieser herausfordernden Zeit bestmöglich zu bewältigen.

Abb. 8.1   WHO-Ratgeber für Erwachsene: Umgang mit Stress in der Zeit von COVID-19 (in der Übersetzung und Darstellung des Autors)

8.3   „Seelisch fit bleiben" – ein kurzer Leitfaden der WHO

Im August 2020 veröffentlichte die Weltgesundheitsorganisation einen weiteren Leitfaden, der nunmehr bei jeder COVID-19 bezogenen Suchabfrage in Google auf der ersten Ergebnisseite an prominenter Stelle positioniert wurde. Diese

Kinder können in unterschiedlicher Weise auf Stress reagieren. Sie können zum Beispiel anhänglicher, ängstlicher, zurückgezogener, wütender oder aufgeregter sein als sonst oder auch (wieder) einnässen. Reagieren Sie auf das Verhalten des Kindes unterstützend, hören Sie auf seine Sorgen und schenken Sie ihm vermehrte Zuwendung und Anerkennung.

Kinder brauchen in schwierigen Zeiten die Aufmerksamkeit und Zuwendung von Erwachsenen. Schenken Sie ihnen zusätzlich Zeit und vermehrte Aufmerksamkeit. Denken Sie daran, Ihren Kindern zuzuhören, wertschätzend mit ihnen zu sprechen und sie zu beruhigen. Schaffen Sie dem Kind ausreichend Gelegenheit zu spielen und helfen Sie ihm Entspannung zu finden.

Versuchen Sie, Kinder in der Nähe ihrer Eltern und ihrer Familie zu behalten und vermeiden Sie, wenn möglich, die Trennung des Kindes von seinen Betreuungspersonen. Wenn eine Trennung notwendig werden sollte (Krankenhausaufenthalt), stellen Sie einen regelmäßigen Kontakt (per Telefon) mit dem Kind sicher.

Behalten Sie bestehende Routinen und Zeitpläne so gut es geht bei oder helfen Sie in einer veränderten Lebensumwelt mit, neue Routinen zu etablieren. Dies beinhaltet im Besonderen Zeit für Lernaktivitäten sowie Zeit für unbefangenes Spiel und Zeit für Entspannung.

Informieren Sie Kinder faktenbasiert über aktuelle Geschehnisse und erklären Sie ihnen diese bestmöglich. Informieren Sie Kinder auch, wie sie das Risiko einer Infektion verringern können. Verwenden Sie dabei verständliche Begriffe, die dem Entwicklungsstand des Kindes entsprechen. Das beinhaltet auf beruhigende Weise vermittelte Erklärungen darüber, was in Zukunft möglicherweise geschehen könnte (zum Beispiel dass ein Familienmitglied bzw. das Kind eventuell für einige Zeit ins Krankenhaus muss, damit ihnen dort Ärzte helfen können, wieder gesund zu werden).

Abb. 8.2 WHO-Ratgeber für Kinder und Jugendliche: Umgang mit Stress in der Zeit von COVID-19 (in der Übersetzung und Darstellung des Autors)

Maßnahme trägt wesentlich dazu bei, dass Menschen mit Informationsbedarf treffsicher mit relevanten Informationen und Ratschlägen versorgt werden.

Beginnend mit einfachen Tipps zur Stressreduktion betont dieser Leitfaden die Rolle des sozialen Austauschs sowie die Wichtigkeit von „Ritualen" für Körper und Psyche und mahnt zur Geduld mit sich selbst in einer Zeit der Unsicherheit. (Abb. 8.3.)

Innehalten. Durchatmen. Nachdenken.   ^

Atmen Sie ein paar Mal tief durch: langsam durch die Nase ein und dann wieder aus.

Ruhige Atemzüge eignen sich hervorragend zur Stressreduzierung, denn sie signalisieren dem Gehirn, dass es den Körper entspannen kann.

Achten Sie auf Ihre Gefühle und Gedanken, ohne sie zu bewerten oder auf sie zu reagieren. Nehmen Sie sie einfach nur wahr, um sie dann auch gleich wieder loszulassen.

 Sich mit anderen austauschen   ^

Gespräche mit vertrauten Personen können helfen. Halten Sie regelmäßig Kontakt zu Personen, die Ihnen nahestehen. Tauschen Sie sich mit ihnen über Ihre Gefühle und Sorgen aus.

 Routinen entwickeln und pflegen   ^

Das können Sie tun:
- Legen Sie eine ungefähre Uhrzeit fest, zu der Sie jeden Tag aufstehen bzw. ins Bett gehen.
- Vernachlässigen Sie nicht Ihre Körperpflege.
- Halten Sie sich an feste Essenszeiten und ernähren Sie sich gesund.
- Bewegen Sie sich regelmäßig. Schon 3–4 Minuten leichter körperlicher Betätigung wie Spazierengehen oder Dehnübungen können helfen.
- Planen Sie Zeit für Arbeit und Zeit für Entspannung ein.
- Lassen Sie genug Zeit für Dinge, die Ihnen Spaß machen.
- Verbringen Sie regelmäßig Zeit abseits von Bildschirmen.

Das sollten Sie nicht tun:
- Konsumieren Sie weder Alkohol noch Drogen, um gegen Angst, Nervosität, Langeweile oder soziale Isolation vorzugehen.

 Geduld haben mit sich und anderen   ^

Erwarten Sie an schwierigen Tagen nicht zu viel von sich. Akzeptieren Sie, dass es Tage gibt, an denen Sie weniger produktiv sind.

Reduzieren Sie wenn möglich die Zeit, während der Sie Nachrichten hören, sehen oder lesen, die Sie beunruhigen oder stressen. Informieren Sie sich stattdessen zu bestimmten Zeiten am Tag bei vertrauenswürdigen Quellen.

 Hilfe suchen wenn nötig   ^

Zögern Sie nicht, bei Bedarf selbst professionelle Hilfe in Anspruch zu nehmen. Ihr erster Anlaufpunkt könnte beispielsweise ein Mitarbeiter des Gesundheitswesens in Ihrer Nähe sein. Alternativ stehen Ihnen Hilfe-Hotlines zur Verfügung.

Abb. 8.3 Leitfaden der WHO „Seelisch fit bleiben" auf Google

8.4 Gesamtgesellschaftliche Bewältigung der COVID-19 Pandemie

„Es ist leicht jemanden zu beschuldigen, es ist leicht zu politisieren, es ist schwieriger, ein Problem gemeinsam anzugehen und gemeinsam Lösungen zu finden." WHO-Generaldirektor Dr. Tedros Adhanom Ghebreyesus (2020)

Betrachtet man abschließend die gesamtgesellschaftliche Situation so kann der globale Outcome der Bekämpfung der COVID-19 Pandemie als Ergebnis der Bewältigung sämtlicher psychologischen, sozialen und ökonomischen Risikofaktoren durch der zur Verfügung stehenden Resilienzfaktoren auf eben den selben Ebenen beschrieben werden. (Abb. 8.4.)

Auf diese Weise soll nicht zuletzt abschließend die wichtige Rolle der Wertschätzung der Mitmenschen betont werden, da diese die Basis einer kooperativen und gelingenden Pandemiebekämpfung bildet.

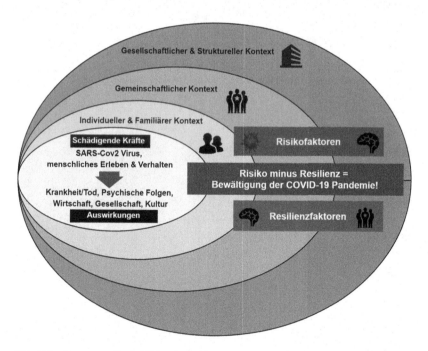

Abb. 8.4 Gesamtgesellschaftliche Bewältigung der COVID-19 Pandemie aus systemtheoretischer Sicht

Fazit

- Offizielle Ratgeber für die psychische Gesundheit in Zeiten der Pandemie beinhalten verständliche und einfach zu befolgende Ratschläge, die bei konsequenter Befolgung nachgewiesenermaßen eine hohe Wirksamkeit entfalten.
- Die gelingende Bewältigung einer Pandemie ist stärker von psychologischen Faktoren abhängig, als dies den meisten Menschen bewusst ist.
- Das Ergebnis der COVID-19 Pandemie kann vereinfacht gesagt als das Ergebnis der Abminderung von Risiken mittels gesamtgesellschaftlicher Resilienz betrachtet werden. ◄

Was Sie aus diesem *essential* mitnehmen können

- Infektionskrankheiten begleiten den Menschen von Anbeginn und stellen ihn immer wieder vor große Herausforderungen.
- Epidemien und Pandemien haben ihre Ursachen unter anderem im Verhalten des Menschen.
- In Zeiten großer Belastung, wie zum Beispiel während einer Pandemie, versuchen Menschen sich auf verschiedenste Weisen anzupassen, wobei manche Formen der Anpassung nachteilige Folgen für das Individuum und die Gesellschaft nach sich ziehen können.
- Die gelingende Bewältigung einer Pandemie muss ganzheitlich und unter Berücksichtigung von psychologischen und sozialen Faktoren in Form eines gemeinschaftlichen Handelns stattfinden, da sonst der gesamtgesellschaftliche Zusammenhalt bedroht sein kann.

© Der/die Herausgeber bzw. der/die Autor(en), exklusiv lizenziert durch
Springer Fachmedien Wiesbaden GmbH, ein Teil von Springer Nature 2020
J. Haas, *COVID-19 und Psychologie*, essentials,
https://doi.org/10.1007/978-3-658-32031-7

Literatur

Aberth, J. (2005). *The black death*. Palgrave Macmillan US. https://link.springer.com/10.1007/978-1-137-10349-9

Arafat, S. M. Y., Kar, S. K., Marthoenis, M., Sharma, P., Hoque Apu, E., & Kabir, R. (2020). Psychological underpinning of panic buying during pandemic (COVID-19). *Psychiatry Research, 289*, 113061. https://dx.doi.org/10.1016/j.psychres.2020.113061

Aslam, F., Awan, T. M., Syed, J. H., Kashif, A., & Parveen, M. (2020). Sentiments and emotions evoked by news headlines of coronavirus disease (COVID-19) outbreak. *Humanities and Social Sciences Communications, 7*(1), 23. https://dx.doi.org/10.1057/s41599-020-0523-3

Asmundson, G. J. G., Paluszek, M. M., Landry, C. A., Rachor, G. S., McKay, D., & Taylor, S. (2020). Do pre-existing anxiety-related and mood disorders differentially impact COVID-19 stress responses and coping? *Journal of Anxiety Disorders, 74*, 102271. https://dx.doi.org/10.1016/j.janxdis.2020.102271

Brooks, S. K., Webster, R. K., Smith, L. E., Woodland, L., Wessely, S., Greenberg, N., & Rubin, G. J. (2020). The psychological impact of quarantine and how to reduce it: Rapid review of the evidence. *The Lancet, 395*(10227), 912–920. https://dx.doi.org/10.1016/S0140-6736(20)30460-8

Butter, M. (Hrsg.). (2020). *Routledge handbook of conspiracy theories*. Routledge.

Chen, S., & Bonanno, G. A. (2020). Psychological adjustment during the global outbreak of COVID-19: A resilience perspective. *Psychological Trauma: Theory, Research, Practice, and Policy, 12*(S1), S51–S54. https://doi.org/10.1037/tra0000685

Cheng, K. K., Lam, T. H., & Leung, C. C. (2020). Wearing face masks in the community during the COVID-19 pandemic: Altruism and solidarity. *The Lancet, 0*(0). https://dx.doi.org/10.1016/S0140-6736(20)30918-1

Dezecache, G. (2015). Human collective reactions to threat. *Wiley Interdisciplinary Reviews: Cognitive Science, 6*(3), 209–219. https://dx.doi.org/10.1002/wcs.1344

Eysenbach, G. (2002). Infodemiology: The epidemiology of (Mis)information. *The American Journal of Medicine, 113*(9), 763–765. https://dx.doi.org/10.1016/S0002-9343(02)01473-0

Fine, G. A. (Hrsg.). (2005). *Rumor mills: The social impact of rumor and legend*. Aldine Transaction.

Freeman, D., Garety, P. A., Bebbington, P. E., Smith, B., Rollinson, R., Fowler, D., Kuipers, E., Ray, K., & Dunn, G. (2005). Psychological investigation of the structure of paranoia in a non-clinical population. *British Journal of Psychiatry*, *186*(5), 427–435. https://dx.doi.org/10.1192/bjp.186.5.427

Gunnell, D., Appleby, L., Arensman, E., Hawton, K., John, A., Kapur, N., Khan, M., O'Connor, R. C., Pirkis, J., Appleby, L., Arensman, E., Caine, E. D., Chan, L. F., Chang, S.-S., Chen, Y.-Y., Christensen, H., Dandona, R., Eddleston, M., Erlangsen, A., … Yip, P. S. (2020). Suicide risk and prevention during the COVID-19 pandemic. *The Lancet Psychiatry*, *7*(6), 468–471. https://dx.doi.org/10.1016/S2215-0366(20)30171-1

Halford, E. A., Lake, A. M., & Gould, M. S. (2020). Google searches for suicide and suicide risk factors in the early stages of the COVID-19 pandemic. *PLOS ONE*, *15*(7), e0236777. https://dx.doi.org/10.1371/journal.pone.0236777

Hassanian-Moghaddam, H., Zamani, N., Kolahi, A.-A., McDonald, R., & Hovda, K. E. (2020). Double trouble: Methanol outbreak in the wake of the COVID-19 pandemic in Iran—a cross-sectional assessment. *Critical Care*, *24*(1), 402. https://dx.doi.org/10.1186/s13054-020-03140-w

Haug, N., Geyrhofer, L., Londei, A., Dervic, E., Desvars-Larrive, A., Loreto, V., Pinior, B., Thurner, S., & Klimek, P. (2020). *Ranking the effectiveness of worldwide COVID-19 government interventions* [Preprint]. Epidemiology. https://dx.doi.org/10.1101/2020.07.06.20147199

Heinrich, L. M., & Gullone, E. (2006). The clinical significance of loneliness: A literature review. *Clinical Psychology Review*, *26*(6), 695–718. https://dx.doi.org/10.1016/j.cpr.2006.04.002

Hiscott, J., Alexandridi, M., Muscolini, M., Tassone, E., Palermo, E., Soultsioti, M., & Zevini, A. (2020). The global impact of the coronavirus pandemic. *Cytokine & Growth Factor Reviews*, *53*, 1–9. https://dx.doi.org/10.1016/j.cytogfr.2020.05.010

Imran, N., Aamer, I., Sharif, M. I., Bodla, Z. H., & Naveed, S. (2020). Psychological burden of quarantine in children and adolescents: A rapid systematic review and proposed solutions. *Pakistan Journal of Medical Sciences*, *36*(5). https://dx.doi.org/10.12669/pjms.36.5.3088

Islam, M. S., Sarkar, T., Khan, S. H., Mostofa Kamal, A.-H., Hasan, S. M. M., Kabir, A., Yeasmin, D., Islam, M. A., Amin Chowdhury, K. I., Anwar, K. S., Chughtai, A. A., & Seale, H. (2020). Covid-19–related infodemic and its impact on public health: A global social media analysis. *The American Journal of Tropical Medicine and Hygiene*. https://dx.doi.org/10.4269/ajtmh.20-0812

Kar S.K., Yasir Arafat S.M., Kabir R., Sharma P., Saxena S.K. (2020) Coping with Mental Health Challenges During COVID-19. In: Saxena S. (eds) Coronavirus Disease 2019 (COVID-19). Medical Virology: From Pathogenesis to Disease Control. Springer, Singapore. https://dx.doi.org/10.1007/978-981-15-4814-7_16

Kavanagh, J., & Rich, M. (2018). *Truth decay: An initial exploration of the diminishing role of facts and analysis in american public life*. RAND Corporation. https://dx.doi.org/10.7249/RR2314

Kim, S.-W., & Su, K.-P. (2020). Using psychoneuroimmunity against COVID-19. *Brain, Behavior, and Immunity*, *87*, 4–5. https://dx.doi.org/10.1016/j.bbi.2020.03.025

Kramer, A. D. I., Guillory, J. E., & Hancock, J. T. (2014). Experimental evidence of massive-scale emotional contagion through social networks. *Proceedings of the National Academy of Sciences, 111*(24), 8788–8790. https://dx.doi.org/10.1073/pnas.1320040111

Larsen, E. M., Donaldson, K., & Mohanty, A. (2020). *Conspiratorial thinking during COVID-19: The roles of paranoia, delusion-proneness, and intolerance to uncertainty* [Preprint]. PsyArXiv. https://osf.io/mb65f

Milman, E., Lee, S. A., & Neimeyer, R. A. (2020). Social isolation as a means of reducing dysfunctional coronavirus anxiety and increasing psychoneuroimmunity. *Brain, Behavior, and Immunity, 87*, 138–139. https://dx.doi.org/10.1016/j.bbi.2020.05.007

Morens, D. M., Folkers, G. K., & Fauci, A. S. (2008). Emerging infections: A perpetual challenge. *The Lancet Infectious Diseases, 8*(11), 710–719. https://dx.doi.org/10.1016/S1473-3099(08)70256-1

Morens, D. M., Folkers, G. K., & Fauci, A. S. (2009). What is a pandemic? *The Journal of Infectious Diseases, 200*(7), 1018–1021. https://dx.doi.org/10.1086/644537

Nelkin, D., & Gilman, S. L. (1988). Placing blame for devastating disease. *Social Research, 55*(3), 361–378.

Oosterhoff, B., Palmer, C., Wilson, J., & Shook, N. (2020). *Adolescents' motivations to engage in social distancing during the covid-19 pandemic: Associations with mental and social health* [Preprint]. PsyArXiv. https://osf.io/jd2kq

Palgi, Y., Shrira, A., Ring, L., Bodner, E., Avidor, S., Bergman, Y., Cohen-Fridel, S., Keisari, S., & Hoffman, Y. (2020). The loneliness pandemic: Loneliness and other concomitants of depression, anxiety and their comorbidity during the COVID-19 outbreak. *Journal of Affective Disorders, 275*, 109–111. https://dx.doi.org/10.1016/j.jad.2020.06.036

Pappas, G., Kiriaze, I. J., Giannakis, P., & Falagas, M. E. (2009). Psychosocial consequences of infectious diseases. *Clinical Microbiology and Infection, 15*(8), 743–747. https://dx.doi.org/10.1111/j.1469-0691.2009.02947.x

Rovetta, A., & Bhagavathula, A. S. (2020). *Global infodemiology of covid-19: Focus on google web searches and instagram hashtags* [Preprint]. Public and Global Health. https://medrxiv.org/lookup/doi/10.1101/2020.05.21.20108910

Salari, N., Hosseinian-Far, A., Jalali, R., Vaisi-Raygani, A., Rasoulpoor, S., Mohammadi, M., Rasoulpoor, S., & Khaledi-Paveh, B. (2020). Prevalence of stress, anxiety, depression among the general population during the COVID-19 pandemic: A systematic review and meta-analysis. *Globalization and Health, 16*(1), 57. https://dx.doi.org/10.1186/s12992-020-00589-w

Schaller, M., & Park, J. H. (2011). The behavioral immune system (And why it matters). *Current Directions in Psychological Science, 20*(2), 99–103. https://dx.doi.org/10.1177/0963721411402596

Shahsavari, S., Holur, P., Tangherlini, T. R., & Roychowdhury, V. (2020). Conspiracy in the time of corona: Automatic detection of covid-19 conspiracy theories in social media and the news. *arXiv:2004.13783 [cs].* https://arxiv.org/abs/2004.13783

Sher, L. (2020). The impact of the COVID-19 pandemic on suicide rates. *QJM: An International Journal of Medicine*, hcaa202. https://dx.doi.org/10.1093/qjmed/hcaa202

Shultz, J. M., Cooper, J. L., Baingana, F., Oquendo, M. A., Espinel, Z., Althouse, B. M., Marcelin, L. H., Towers, S., Espinola, M., McCoy, C. B., Mazurik, L., Wainberg, M. L., Neria, Y., & Rechkemmer, A. (2016). The role of fear-related behaviors in the 2013–2016 west africa ebola virus disease outbreak. *Current Psychiatry Reports, 18*(11), 104. https://dx.doi.org/10.1007/s11920-016-0741-y

Szczesniak, D., Ciulkowicz, M., Maciaszek, J., Misiak, B., Luc, D., Wieczorek, T., Witecka, K.-F., & Rymaszewska, J. (2020). Psychopathological responses and face mask restrictions during the COVID-19 outbreak: Results from a nationwide survey. *Brain, Behavior, and Immunity, 87*, 161–162. https://dx.doi.org/10.1016/j.bbi.2020.05.027

Taylor, S., & Asmundson, G. J. G. (2020). Life in a post-pandemic world: What to expect of anxiety-related conditions and their treatment. *Journal of Anxiety Disorders, 72*, 102231. https://doi.org/10.1016/j.janxdis.2020.102231

Thucydides, & Landmann, G. P. (1993). *Geschichte des Peloponnesischen Krieges: Griechisch – deutsch.* Artemis & Winkler.

Tomes, N. (2000). The making of a germ panic, then and now. *American Journal of Public Health, 90*(2), 191–198. https://dx.doi.org/10.2105/AJPH.90.2.191

Vindegaard, N., & Benros, M. E. (2020). COVID-19 pandemic and mental health consequences: Systematic review of the current evidence. *Brain, Behavior, and Immunity,* S0889159120309545. https://dx.doi.org/10.1016/j.bbi.2020.05.048

Wellcome Collection. (o. J.). Wilson „The plague...": people fleeing from plague. Abgerufen 15. August 2020, von https://wellcomecollection.org/works/wuhtpjqa

Werner, C., & Langenmayr, A. (2005). Das Unbewusste und die Abwehrmechanismen. Vandenhoeck & Ruprecht.

Wittchen, H.-U., & Hoyer, J. (Hrsg.). (2011). *Klinische Psychologie & Psychotherapie* (2., überarbeitete und erweiterte Auflage). Springer.

World Health Organisation. (2020). Mental health and COVID-19. Abgerufen 15. August 2020, von https://www.who.int/teams/mental-health-and-substance-use/covid-19

Xiong, J., Lipsitz, O., Nasri, F., Lui, L. M. W., Gill, H., Phan, L., Chen-Li, D., Iacobucci, M., Ho, R., Majeed, A., & McIntyre, R. S. (2020). Impact of COVID-19 pandemic on mental health in the general population: A systematic review. *Journal of Affective Disorders, 277*, 55–64. https://dx.doi.org/10.1016/j.jad.2020.08.001

Zum Weiterlesen

Butter, M. (Hrsg.). (2020). *Routledge handbook of conspiracy theories.* Routledge.

Fine, G. A. (Hrsg.). (2005). *Rumor mills: The social impact of rumor and legend.* Aldine Transaction.

Hays, J. N. (2005). *Epidemics and pandemics: Their impacts on human history.* ABC-CLIO.

Huremović, D. (2019). *Psychiatry of pandemics: A mental health response to infection outbreak.* https://dx.doi.org/10.1007/978-3-030-15346-5

Jetten, J., Haslam, S. A., Reicher, S., & Cruwys, T. (Hrsg.). (2020). *Together apart: The psychology of COVID-19.* SAGE Publications.

Kucharski, A. (2020). *The rules of contagion: Why things spread - and why they stop.*

Taylor, S. (2019). *The psychology of pandemics: Preparing for the next global outbreak of infectious disease.*

Begleitwebseite zum Buch

Aufgrund des Umfangs eines *essentials* können nur ausgewählte Erkenntnisse zum Thema COVID-19 und Psyche behandelt werden. Sie finden daher auf der Begleitwebseite zum Buch unter www.covid19-psychologie.net weitere Inhalte, die in regelmäßigen Abständen aktualisiert werden.

Printed in the United States
By Bookmasters